『あさが来た』の人間像

ある女性実業家の「学問」と女子高等教育

幸津國生

An image of human beings in “Asa ga kita”

—— The‘study’of a businesswoman and

the women's advanced education ——

花伝社

少女の頃〝おなごには必要なし〟と「学問」を禁じられた彼女は、
実業家として諸事業を起こしやり遂げる中で「学問」の欲求をもちつづけ、
日本初の女子大学設立に大きな貢献をした。
その彼女・白岡あさは〝アホぼん〟夫・新次郎に支えられていた。

『あさが来た』の人間像——ある女性実業家の「学問」と女子高等教育◈目次

はじめに

♪朝の空を見上げて
今日という一日が
笑顔でいられるように
そっとお願いした

時には雨も降って
涙も溢れるけど
思い通りにならない日は
明日　頑張ろう

ずっと見てる夢は
私がもう一人いて
やりたいこと　好きなように
自由にできる夢

☆

人生は紙飛行機
願い乗せて飛んで行くよ
風の中を力の限り
ただ進むだけ
その距離を競うより
どう飛んだか　どこを飛んだのか
それが一番　大切なんだ
さあ　心のままに
３６５日

星はいくつ見えるか
何も見えない夜か
元気が出ない　そんな時は
誰かと話そう

人は思うよりも
一人ぼっちじゃないんだ
すぐそばのやさしさに
気づかずにいるだけ

人生は紙飛行機
愛を乗せて飛んでいるよ
自信持って広げる羽根を
みんなが見上げる
折り方を知らなくても
いつのまにか飛ばせるようになる
それが希望　推進力だ
ああ　楽しくやろう
３６５日

☆繰り返し
飛んで行け！
飛んでみよう！
飛んで行け！
飛んでみよう！
飛んで行け！
飛んでみよう！

（主題歌・ＡＫＢ48「３６５日の紙飛行機」
作詞・秋元康、作曲・角野寿和、青葉紘季、
編曲・清水哲平　ドラマ・ガイド１：72-73参照）

オープニングですがすがしい「朝」を歌う主題歌にのって、赤い着物姿のヒロインや商家の瓦屋根、天秤ばかり・分銅・算盤、お猪口・三味線などが登場し、梅の花が咲くカラフルなタイトルバック（タイトルバック制作については　副田高行・藤枝リュウジ、ドラマ・ガイド１：42-43参照）が流れる……

「女子大学創設までの道のり」⑧――「日の出女子大学校開校」（明治34（1901）年4月）（メモリアルブック100参照。①～⑧の番号づけは引用者による。以下同じ）

ドラマは、日本で初めて設立された女子大学校入学式においてヒロイン・白岡あさが祝辞を述べるシーンから始まる。

○ ○○〔日の出〕女子大学校・廊下（一九〇一（明治三四）年四月）

歩いている女の黒い革靴の足もと。
まっすぐにのびた背筋に白い西洋服。
大股でずいぶん早歩きである。

N 「一九〇一年、時は明治……」

○ 同・講堂

東京目白、○○〔日の出〕女子大学校の入学式。

N 「ここは東京です。そして……」

並んでいる大勢の礼儀正しい女生徒〔女子学生〕たち。
『いらしたわ』『あの方よ』等の囁き声がする。

大股で前に出て来る先ほどの西洋服の女。

N　「この女性がこれから始まるお話の主人公・白岡あさです」

檀上に上がる白岡あさ（50）。

堂々と立つと、ひとつ息をついて、

あさ　「えー、皆さま、この度は我が国初の女子の大学校、○○（日の出）女子大学校にご入学おめでとうございます！」

にっこり笑うと、まっすぐ女生徒（女子学生）らを見て、

あさ　「ふふ。こないなご挨拶致しますと、なんやぎょうぎょうしおますのやけど、学問いうのは、実は何も特別なもんやあらしません」

祝辞を述べるあさの姿にかかるナレーション。

N　「あさは幕末から明治大正という激動期の日本で、夫を助け、家を助け、炭鉱や銀行、生命保険会社を次々と作りあげ……」

あさ　「どうぞ存分に学んでください。みんなが笑って暮らせる世の中を作るには、女性の柔らかい力が大切なんです（！）」

N　「果ては、この日本初の女子大学創立のために生涯を尽くした、素晴らしい女性です……」（第1週第1回　シナリオ14、（　）内はノベライズ　上8-9）

ドラマの終り近くになって、ふたたび同じ入学式のシーンであさが登場する。

明治三十四（一九〇一）年四月。日の出女子大学校は創立の日を迎えた。その入学式を前に、あさと成澤は互いの健闘をたたえ、念願がかなったことに改めて感謝して固く握手した。

講堂には、大勢の女子学生たちが礼儀正しく座っている。第一期の入学生で、家政学部八十名、国文学部九十名、英文学部十名と、予想をはるかに上回る数に上った。また全国から集まった学生たちは、既婚者、母親、職業経験者など出身も年齢もさまざまで、その中に宜の姿もある。

来賓席には、亀助、絹田、山倉が並び、あとから綾子が来て悠然と席に着いた。

初代校長の成澤が檀上に上がった。

「諸君！　おはようございます！　ようこそ！　日の出女子大学校へ」／

あさが講堂に続く廊下を歩いていると、成澤の挨拶に送られた盛大な拍手が聞こえてきた。あさは背筋を伸ばし、胸を張ると大股の早足で講堂に入り、檀上に上がって一息ついた。

「えー、皆さま、このたびはわが国初の女子の大学校、日の出女子大学校にご入学おめでとうございます！」

笑顔で女子学生を見回すと、あさへの憧憬がこもったまなざしが注がれている。

「学問いうのは、実は何も特別なもんやあらしません。みんなが笑って暮らせる世の中をつくるには、女性のね、柔らかい力が、大切なんです！」

あさは祝辞を述べながら、心の中で懐かしい人たちに呼びかけた。

（お父はん、お母はん、おじいちゃん……とうとうできましたで）

（ノベライズ　下260 - 261）

これら二つのシーンは、言うまでもなく内容的に重なっており、同一の出来事を描く同一の映像によるシーンである（ただし二回目には少し映像が加えられている）。しかし、ドラマの進行において、二つのシーンの間には一つのプロセスがある。それは、ドラマの流れの始めからかなり終わりに近いところに至るプロセスである。そこには、主人公あさの生い立ち・少女期から結婚して実業活動へと向かう生涯の大きな部分が描かれている。そしてその生涯においては、女子大学校の設立によって、あさの思いが実現し一つの頂点に達するのである。このことをめぐって問われるのは、あさの思いが女子大学校の設立という仕方において実現したということそのこと自体が何を意味するのか、ということである。

その思いの内容をなすものは、あさにとっての「学問」の欲求である。あさの言葉のうちに登場する「学問」という用語は、ごく一般的な意味で用いられている。すなわち、「学問」が何も「特別」なものではないとされているということである。（文献資料1）しかし、ごく一般的な意味にせよ、「学問」という語が用いられること自体のうちに、その時代・社会の固有の課題と言うべきものが示されているのであろう。その課題として求められているのは、「学問」とされているものに関わることのできなかった女性たちにとって「学問」というものを近づくことのできるものにすること、その際「学問」とされているものに何らかの内容が想定されているわけだが、それを開かれたものにすること、つまりそれが何も「特別」なものではないということを具体的に誰にでも分かる形で明らかにすることであろう。このような「学問」の場として、すなわち、それまで存在しなかった女子高等教育の場として女子大学校が設立されたわけである。

そこでの「特別」という形容の仕方が何を意味するのかは、ドラマのうちで必ずしもはっきりと説明されているわけではない。しかし、次のように言うことは許されよう。この形容の仕方のうちには、あさの言葉を聴く側にとっての一つの前提が含まれているということである。つまり、まず入学後これから「学問」を始める女子学生たちにとっては、あるいはまた社会の女性たち一般にとっては、「学問」とは何か「特別」なものであるというように捉えられているという前提である。あさは、一応この前提を踏まえた上で、もしそのように捉えられているならば、そのような前提に見られる「学問」というものについての捉え方は正しくないと否定しているわけである。ここには、あさが彼女なりにどのように「学問」を捉えているのかが示されている。

ここで注目に値するのは、この「学問」の捉え方に「学問」についてのあさの少女期の経験が反映しているであろうということである。それは、実家の両親によって女子には必要なしとして「学問」が禁止されたという経験である。その経験ゆえに「学問」は、あさにとって彼女の生涯を通してその最も深い思いの対象になったのである。

そこで問われるのは、何も「特別」なものではないとされる「学問」とは何かということである。その内容をめぐって、あさのあいさつの言葉から次のことを明らかにすることが必要である。

まず、女子学生たちが「存分に学ぶ」とはどのようなことなのか、そしてどのようにして「存分に学ぶ」ことができるのかということである。これらのことは一人ひとりの女子学生にとってその「学問」の在り方を示すべき事柄である。というのも、まさに「学問」の欲求をもっている女子たちが「存分に学ぶ」ために女子大学校が設立されたのであり、その当の女子大学校にこれらの女子学生たちは入学したのだからである。ここでは、「学問」の主体とは誰なのかが明らかにされている。女子学生たちは「存分に学ぶ」べき主体として、すなわち「学問」の主体として位置づけられている。それまでの制度（男子学生のみが「学問」の主体であるとされていた）は、「学問」とは何か「特別」なものであると捉えさせたであろう。これに対して女子学生たちにも、この制度では欠けていた「学問」の主体としての位置が承認され、女子高等教育においてその主体を形成するべく「存分に学ぶ」ことが呼びかけられているのである。

次いで、ではこの「学問」することが「女性」の「柔らかい力」に結びついているとすればどのように結びついているのか、ということである。何も「特別」なものではないという「学問」の性格には「女性」の「柔らかい力」が含まれているであろう。そのとき、「学問」はおそらく「柔らかい」ものという性格をも帯びるであろう。つまり、「柔らかい」ものとして、「学問」はあらためて何も「特別」なものではなく、誰にとっても開かれたものになると思われる。

さらに、どのようにしてその「柔らかい力」によって「みんなが笑って暮らせる世の中をつくる」ことができるのか、ということである。「学問」が内容的に何も「特別」なものではないということは、その「学問」の主体が「柔らかい力」を備えて「学問」が誰にでも開かれたものになるならば、当の「学問」は、「みんなが笑って暮らせる世の中」を向かうべき方向においてその内容を明らかにするであろう。その方向を求めての活動がドラマで描かれるプロセスである。あさの場合、それは実業活動であった。その活動そのものが「学問」の欲求によって促されていたと思われる。では、当のプロセスがどのように始まり、どのような形で進められたのか、をめぐって、読者とともに考えたい。

本書では「　」内は筆者による。［…］は中略を示す。年代（人物の生没年・出版物の刊行年）の表記について、本書は典拠の表記にしたがうことにし、多くの場合に漢数字を用いる。ただし、算用数字で表記される場合、また西暦・年号のいずれかのみの場合、西暦・年号の順番が逆になる場合、本書として補う場合など、不統一がある。

登場人物名鑑

［役名の後に出演者名を挙げる。本書に登場させることができなかった人物も挙げられているが、言うまでもなく彼らはドラマの広がりを示す人物としてそれぞれ役割をもっている。メモリアルブック 110-112 参照］

＊白岡《しろおか》家／加野屋

白岡（旧姓・今井）あさ　波瑠（少女時代）鈴木梨央《りお》

幕末期の嘉永2（1849）年、京都の豪商・今井家の次女として生まれる。正義感が強く相撲も強い、「なんでどす？」が口ぐせの好奇心旺盛なおてんば娘。17歳のとき、許婚の新次郎のもとへ嫁ぐ。夫の実家は大阪の老舗両替屋。商売に興味のない夫にかわり、家業に奮闘し、新事業の炭坑業や銀行、そして生命保険会社を次々に立ち上げる。さらに女性の未来のため、日本初の女子大学の創設に尽力する。

白岡新次郎　玉木宏

あさの夫。白岡家の次男。三味線に夢中の道楽者で、家の商売に関心がない。しかし結婚後は商売に力を注ぐあさの行動力と情熱にほれ込み、生涯にわたって妻を支えていく。人づき合いや面倒見が良いため、次第に大阪商人たちの中心的存在となり、あさに請われて、加野炭坑や紡績会社の社長も務めた。

白岡正吉　近藤正臣

両替屋・加野屋の七代目当主。新次郎と榮三郎の父。あさの商売への情熱と才能をいち早く見抜き応援する。愛妻家。

白岡よの　風吹ジュン

新次郎と榮三郎の母。おっとりとした性格で、女は家のことに専念すべきと考えている。孫娘・千代のよき相談相手。

白岡千代　小芝風花　（少女時代）中川江奈　鈴木梨央《りお》

あさと新次郎の娘。商売に励む母に反発するが、あさの刺傷事件を機に距離を縮める。東柳啓介を婿に迎えて、白岡家のあとを継ぐ。

白岡榮三郎　桐山照史《あきと》　（少年時代）吉田八起《はつき》

白岡家の三男。新次郎の弟。18歳で加野屋八代目を襲名。新事業をめぐりあさと対立することもあるが、当主として加野屋を率いる。

白岡さち　柳生みゆ

榮三郎の妻。しとやかで女性らしい性格で、仕事で家をあけがちな義姉・あさに代わって、めい・千代の面倒を見る。

東柳啓介　工藤阿須加《あすか》

子爵家の次男坊。帝大の学生時代、あさが入院中に病院で千代と出会う。千代と結婚し、白岡家へ婿に入り、加野屋を継ぐ。

雁助《がんすけ》　山内圭哉《たかや》

加野屋の大番頭。正吉に心酔し、正吉亡きあとは榮三郎を支えた。うめを思っていたが、離縁した妻と娘を支えるために加野屋を去る。

亀助《きすけ》　三宅弘城《ひろき》
加野屋の中番頭。長年思いを寄せていたふゆと結婚。しばらく加野炭坑の責任者として九州で暮らすが、大阪に戻り役員秘書となる。
うめ　友近《ともちか》
今井家時代から、あさのお付きの女中。あさを見守り、ときには苦言を呈することも。雁助に思いを寄せるも、生涯あさを支え続ける。
ふゆ　清原果耶《かや》
はつ付きの女中として眉山家に仕えるが、一家没落後は加野屋で働く。新次郎に恋心を抱くも、亀助のやさしさを知り結婚する。
山崎平十郎　辻本茂雄
元大蔵省の役人。経済発展のため民間銀行の必要性を訴え、加野屋で働くことに。加野銀行設立に尽力し、後に支配人となる。
かの　楠見《くすみ》　薫
よのに仕える女中で、加野屋で働く女たちのとりまとめ役。よのの側にいて、いつも「ほんにほんに」と調子よく話を合わせる。
弥七　竹下健人
加野屋の手代。お調子者でおっちょこちょいな一面もあるが、店のムードメーカー的存在。加野銀行では支出係の係長を務める。
佑作　杉森大祐
工藤サカエ　横田美紀
加野屋の手代で、のちに加野銀行で働く。銀行の帳場で融資を求めてやってくる客たちに弥七とともに対応する。

堺の資産家の娘で、女学校を優秀な成績で卒業した後、厳しい試験に合格して加野銀行初の女性行員となる。

＊眉山《まゆやま》家／山王寺屋

眉山（旧姓・今井）はつ　宮﨑あおい　（少女時代）守殿愛生《もりどのまなせ》

あさの姉。才色兼備で箏や裁縫が得意。あさにとっては何でも相談できる良き姉。大阪の老舗両替屋・山王寺屋に嫁ぐが、倒産。借金取りに追われ夜逃げするなど苦労を重ねる。しかし何事にも屈しない強い意志で、夫を信じ家族を支え続け、やがて和歌山の有田でみかん農家となり幸せな家庭を築く。

眉山栄達　辰巳琢郎

物兵衛の父。丁稚、番頭から婿養子に入り、山王寺屋の当主に。妻の菊には頭が上がらないが、家族を思いやり明るく振る舞う。

眉山菊　萬田久子

物兵衛の母。老舗両替屋のおかみであることにプライドを持っている。山王寺屋の復興を願い続け、孫の藍之助に夢を託す。

眉山惣兵衛　柄本佑《たすく》

眉山家の長男で、はつの夫。山王寺屋の没落後、一時失踪した。みかん農家として再出発し、一家を支える大黒柱となる。

眉山藍之助　森下大地

はつと惣兵衛の長男。真面目な性格で勉強とそろばんが得意。商人になりたいと、家族を説得して大阪の加野銀行で働く。

眉山養之助　西畑大吾

はつと惣兵衛の次男。みかん作りに生きがいを見いだし、兄に代わり父親のあとを継ぐ。有田のみかん農家のため力を尽くす。

＊今井家

今井忠興《ただおき》　升　毅《ますたけし》

あさとはつの父。呉服屋と両替屋を営む京都の豪商・今井家の当主。維新後、明治政府の信頼を得て東京に移り、大財閥を築く。

今井梨江　寺島しのぶ

あさとはつの母。夫を陰から支え、子どもたちにやさしい昔ながらの良妻賢母。嫁入り後も娘たちの行く末を心配し、何かと援助する。

今井忠政　林 与一

あさとはつの祖父。隠居後も今井家を訪れ、孫たちをかわいがる。あさの良き理解者で、その個性を認めて自分の道を歩くよう導く。

今井忠嗣《ただつぐ》　興津《おきつ》正太郎（少年時代）二宮輝生《ひかる》

今井家の長男で、あさとはつの弟。幼名・久太郎。商いの勉強のためアメリカに留学。帰国後は父のあとを継ぐ。

＊加野炭坑

治郎作　山崎銀之丞

加野炭坑で全坑夫をまとめる親分。最初は女のあさを経営者として認めなかったが、あさの熱意を意気に感じて協力するようになる。

カズ　富田靖子

治郎作の妻。坑夫たちの食事の準備のほか、石炭の運び出しなども行う。炭坑を改革しようとするあさを頼もしく思い応援する。

宮部源吉　梶原 善《ぜん》

炭坑の支配人。保身が何より大事なお調子者。最初あさにも非協力的だった。炭坑の改革をめぐり、あさと相撲で勝負し負ける。

松蔵（サトシ）　長塚圭史《けいし》

炭坑の納屋頭。新次郎の幼なじみ。加野屋の番頭だった父親が自殺したことから、加野屋を逆恨みして落盤事故を起こす。

福太郎　北原雅樹

炭坑で働く納屋頭の一人。あさが坑夫のために炭坑の労働条件の改善をしようとしていると知り、「姉御」と慕い協力するようになる。

＊あさをとりまく人々

五代友厚（才助）　ディーン・フジオカ

元薩摩藩士。維新後は、大阪商法会議所の初代会頭を務めるなど、大阪経済界の重鎮として活躍。あさの商いの同志的存在。

成澤泉　瀬戸康史

元女学校の教師で、女子の高等教育実現を志す教育者。その熱意に打たれたあさの協力を得て、日本初の女子大学を創設する。

美和　野々すみ花

元大阪一の芸妓で、新次郎の三味線の師匠。維新後はレストラン「晴花亭」を経営し、大阪商人たちに憩いの場を提供する。

大久保利通　柏原収史

元薩摩藩士で、明治政府の内務卿。盟友である五代に大蔵卿就任を打診するなど頼りにしていた。志なかばで暗殺される。

田村宜《のぶ》　吉岡里帆

女学校時代からの千代の親友。女性実業家のあさを尊敬している。卒業後はあさの秘書を務め、やがてアメリカへ留学する。

萬屋《よろずや》与左衛門　ラサール石井

大阪の老舗商人だったが、維新後、店が潰れ没落。加野銀行に融資を断られたことを逆恨みして、あさを刺してしまう。

＊あの人がこんな役！

土方歳三　山本耕史

幕末、倒幕派志士を取り締まった新選組の副長。加野屋に金を借りに来たところ、あさに拒まれるが、その度胸に感服する。（第3週）

玉利友信　笑福亭鶴瓶

あさが借金を頼みにいった、奈良の豪商。あさの商売への意気込みと度胸に感心して、無利息で金を貸す。（第4週）

櫛田《くしだ》そえ　木村佳乃

夫亡き後、炭坑の買い手を探していたとき、あさの手紙を受け取る。あさの商売へのひたむきな思いを知り、売却を決める。（第6週）

うどん屋のおやじ　桂 文珍

新次郎と惣兵衛が飲んでいたところ、2人の新しい門出と聞いて、祝いに紅白のかまぼこをふるまう。（第10週）

福沢諭吉　武田鉄矢

東京の牛鍋屋で「男女平等」を語るあさに同調して話に割り込んでくる。「おなごの社長になりなさい」とあさに勧める。（第13週）

渋沢栄一　三宅裕司

銀行設立のためあさが助言を求めた〝銀行の神様〟と呼ばれる実業家。銀行には信用が大切で、教育が必要であるとあさに語る。（第17週）

大隈重信　高橋英樹

政治家で、後に大学となる東京専門学校を設立。あさの度胸と弁舌に感心し、女子大学設立への協力を約束する。（第20週）

大隈綾子　松坂慶子

大隈重信の妻。大隈を陰で支える才女。あさの女子教育運動に賛同し、自ら政財界の大物から支援を集める。（第20週ほか）

田村フナ　高橋由美子

田村宜の母。宜に会いに女学校の寄宿舎へ来たところ、偶然あさと会う。互いの娘たちについて語り合う。（第22週ほか）

富永巌　松平定知

九州の資産家を発起人とした福豊生命の社長。大阪金融恐慌の際、加野生命、古川生命と3社合併する。（第25週）

古田信男　宮根誠司

東京の板橋で営業する古川生命の社長。加野生命、福豊生命と3社合併して、淀川生命となる。（第25週）

平塚明《はる》　大島優子

日の出女子大学校の学生。あさに反感を抱き、白岡家まで訪ねてくる。のちに平塚らいてうとして雑誌『青鞜』を創刊。（第25週ほか）

大塚健作　渡辺いっけい

あさや新次郎のかかりつけの医師。年老いた2人をやさしく見守る。新次郎の茶道仲間でもある。（最終週）

石川一富美　山口智充

新次郎の依頼で、あさとの結婚40年を記念して、白岡家の庭に梅の木を植える植木職人。（最終週）

民家の主人　海原かなた

泊めてほしいと訪ねてきたはつを追い返す。（第5週）

写真屋　海原はるか

あさ、新次郎、千代の記念写真を撮影。（第15週）

PART I

1　少女あさとそろばん

「女子大学創設までの道のり」①――「学問を禁じられた少女時代」「あさは弟・久太郎のようにそろばんを習い、本を読みたいと父・忠興に訴えるが、「今井のおなごにそろばんも書物もいらん」と一蹴されて悔しい思いをする。」（第1週、安政4（1857）年）」（メモリアルブック100参照）

あさはそろばんを好んだ。少女あさにとっては、「学問」の中身は主として（『論語』などを）「読む」ことに集約されていたようである。「読む」ことが「男」の弟に対してとは異なり、「女」の自分には禁じられていた。このように禁止されたことによって逆に「読む」こと、それを通じて「学問」を追求することがあさの生涯を通してその最も深い思いになったと言えよう。あさなりの「学問」の欲求は、はじめは禁じられていたが唯一許されるようになったそろばんを手がかりに多様に広がっていく。

○　今井家・実景

忠興の声「ソロバンは商売の道具」

○ 同・はつとあさの部屋

忠興に説教されているあさ。

忠興の手には久太郎のソロバン。

忠興「商人《あきんど》の娘がその道具で遊ぶなんてなんちゅうことや」

あさ「すんませんでした……（ソロバンに向かって）パチパチはんも、ほんますんませんでした」

忠興「いつまで御転婆でいるつもりや。このままでは安心して嫁にも出せへんわ。加野屋はんもどう思わはったか」

あさ「（気にせずソロバンを見て）あ、そうや、お父はん」

忠興「？　なんや？」

あさ、ソロバンを手に取ると、

あさ「うちにも、このパチパチはん、教えて／くれませんか？」

忠興「……」

あさ「うちな、お店のみんなや久太郎みたいに、これパチパチ使こてみたいんや。カッコええもん！」

「…」

○ 同・はつとあさの部屋

あさ「あ、あとな、久太郎がお父はんに習ろてるご本も読んでみたいんです。なんや歌みたいで面白そうや。あ、それから久太郎のまわしもいっぺん締めてみてええ?」
あさ「(強く) おなごはそんなことせんでええ!」
忠興「!」
あさ「今井のおなごにソロバンも書物もいらん。まわしなんかもってのほかや」
忠興「え? そやけどなんでどす? なんで……」
あさ「(あさを見る)」
忠興「…… (言いかけて口をつぐむ)」
あさ「お前がよう久太郎の部屋にしのびこんで、こっそり本やら見てるんも知ってるんやぞ」
忠興「え……」
あさ「今日限りで学問の書物は一切禁止や。ええな」
忠興「そんなん! そんなんイヤや!」
あさ「当たり前や。おなごに大事なんは礼儀作法や、夫や家のもんを喜ばせる芸ごとや。そういう減らず口はもう少しましな琴が弾けるようになってからたたけ」
忠興「……」
あさ「返事は?」
忠興「……はい。すんませんでした」
(第1週第2回、シナリオ19-20)

あさは母親梨江に姉のはつと自分がそれぞれ「嫁」として大坂に行くことをやめられないかと相談する。あさは大坂には魅力を感じているものの、自分で自分の道を選ぶことを求めており、「学問」をしたいと言うけれども、母親からも「学問」は「おなご」には必要なしと言われてしまう。

○ 今井家・居間

［…］

あさ「お母はん、何とかして……お姉ちゃんやうちが大坂にお嫁にいかへんですむ手立てはないんやろか」
梨江「……」
あさ「お家のための大事なことやてわかっとる。けど……」
梨江「なんで？　大坂がそんなイヤやったん？」
あさ「ううん。そうやない。行ってみたら、大坂の町は活気があってえらい気に入ったわ」
梨江「(笑んで) そう。けど、ほなら何でえ？」
あさ「うちは……やっぱり自分の道は自分で選びたい」

［…］

あさ「うち、やっぱり学問してみたいわぁ！」
梨江「はぁ？　学問？」
あさ「せや。お嫁さんになんか行かんと、久太郎みたいに学問してみたいんや。そした／らきっと

梨江　自分の道も……」
梨江　「(遮って) シーーーー。あさ」
あさ　「?」
梨江　「(声を落とし、強く) それはけっしてお父さんの前で言うたらあかんえ」
あさ　「え?」
梨江　「(優しく) おなごに学問なんて必要ありまへん」
あさ　「……」
梨江　「おなごが浅知恵で色んなこと考えてもしくじるだけや。お商売のことも世間のことも、おなごはなんも心配せんと、ただお嫁に行ったらええんです」
あさ　「……」
梨江　「みんなそうえ。お母さんかてそうやってお父さんのとこにお嫁に来て、はつが生まれて、あさが生まれて、お家のために大切なことをさしてもろたと思うてる」
と、あさを抱きしめ、髪をなでる梨江。
梨江　「そやから、もう余計な心配するんはやめよし。はつには、もう一ぺんお母さんが話聞いてみるさかい」
あさ　「うん……」
梨江　「(表情変わり) ……」
N　「梨江にはその時、娘が本当は自分の言葉を理解していないことがわかっていました」

あさ　「（梨江の肩に顔をうずめ）……」
（第1週　第5回、シナリオ32-33）

父親には「学問」を禁じられ、母親からも「学問」は必要なしと同じように言われたその言葉を理解することもできなかったあさは、誰にも言わずに家を抜け出す。あさの向かう先は寺子屋である。そこであさはあくまで自分の「学問」の欲求を満足させようとする。その根底には自分のことは自分で決めたいという根源的な欲求がある。「学問」することと自分の道を自分で選ぶことが重ね合わされている。

○　寺子屋

『いろはにほへと！』と子供たちの声。
幼い町人の子供たちが勉強している。
こっそりときて、中をのぞき込む忠興。
すると後の方、ひとり華やかな着物のあさが、元気にいろはを読み上げている。
その嬉しそうな表情。
先行する忠興の声　「バカもん！」

○　今井家・居間

　忠興に頬を叩かれるあさ。

忠興「何を考えてるんや！　今井の娘が寺子屋で手習いとは、どれだけ恥をかかしたら気ぃが済むんや！」

あさ「……」

忠興「今日はめしは抜きや。反省せえ」

　と、行こうとする忠興。

あさ「……なんでどす？」／

はつ「！」

梨江「！」

忠興「（立ち止まり）？」

あさ「なんで学問することが恥なんどすか？」

梨江「あさ、やめとき」

あさ「せやけど、久太郎も今井の他の男子も、みんなぎょうさん学問してます。学問することは決して恥とはちゃうはずや。それが今井のおなごやいうだけでなんで禁じられなあかんのどすか？　男がしてることでおなごもしたほうがええことはぎょうさんある思います！」

忠興「（驚いて）……」

あさ「お嫁入りかて同じです。親の決め事で物みたいに貰われていくんと違ごて、なんやろ、こう、おなごかて、もっと自分らでちゃあんと考えて道を決めたいんです！」

梨江　「……」
あさ　「うちは、お姉ちゃんと一緒に幸せになりたいだけや！」
はつ　「……」
忠興　「あさ、お前っちゅうやつは……」
あさ　「（じっと忠興を見て）……」
忠興　「……」
（第1週　第5回、シナリオ33-34）

ドラマではあさにとって新次郎の助言によって、許婚のある自分の道について、そこで自明とされる道とは別の一つの対応が可能になる。それは、自分の道についてよく考えるということである。このことは、「学問」の欲求そのものと重なっている。そして「学問」の禁止に対する別の対応も新次郎から贈られたもので梅の木でつくられた特製の赤い小さなソロバンとの出会いによって、もたらされる。

◯　同〔今井家〕・押し入れの中
あさ　「で、出過ぎた口きいてすんません。けどうち、ほんまにこのままお嫁さんになってええのかわからへんのです」
新次郎の声　「そうか……そらそうやわなぁ」

あさ「?」

新次郎「こんな大事なこと子供のうちからきめられへんわなぁ。うん。心配せんかてええ。やめたかったら嫁入りなんかやめたらよろし」

○　同・奥の客間

＊以降、適宜カットバックで。

あさ「え?」

新次郎「あさちゃんの好きにしたらええ」

あさ「……せやけど」

新次郎「よぉー考えてな。よぉよぉ考えて進んだ道には、必ず新しい朝が来る」

あさ「……（小さく）新しい朝が?」

新次郎「せや。その道を信じて進んだらええのや」

あさ「……」

新次郎「……あ、それからな」

新次郎、戸の隙間から何かを差し込む。／

あさ「え……（驚いて見て）あ！　これ！」

それは赤い小ぶりの洒落たソロバン。

あさ「パチパチはんや！」

あさ、思わず戸をあけてそれを手に取る。

新次郎「せや。ちょっと振ってみ」

あさ「え？　ええの？」

と、あさ、そっとそれを振ってみる。

シャン、と、とてもいい音がする。

あさ「(満面の笑みで)うわぁ！　ええ音！」

新次郎「(その笑顔を見て)あさちゃんもええ顔や」

あさ「！」

恥ずかしくなってまた押し入れにひっこむあさ。

新次郎「ゆっくり大人になるまでに考えてな。で、考えて考えてほんでやっぱりわてのお嫁さんに来てくれるてことになったら……その時は仲良うしよな」

あさ「(驚いて)……」

ひとつ笑むと去っていく新次郎。

あさ、何かお礼を言いたいが言葉が浮かばない。

意を決して押し入れから出る。

が、もう新次郎はいない。

あさ「……」

N「この時から、あさの心の中で、何かが変わり始めたのでした」

あさ、ソロバンを見て——
（第1週　第5回、シナリオ35-36）

そのようなあさが向かったのは、新次郎から贈られたあの特製の赤い小さなそろばん（ノベライズ上11-13、28-31、ドラマガイド1：83参照）を「打つ」ということである。このそろばんを打つということだけは、あさにも許しがでたのである。このことによって、あさの「学問」の欲求に、もともと望んでいた形とは異なってはいるが、とにかく一つの形が与えられたと言えよう。

同〔今井家〕・実景（日替わり）
N　「そして、それからというもの……」
先行する忠興の声「それでは参ります」

同・久太郎の部屋
並んで座っているあさと久太郎。
二人の前に座っている忠興。
忠興「ご和算で願いましては……」
忠興の声に合わせて一斉にソロバンを打ち始めるあさと久太郎。
あさの手には赤いソロバン。

N　「許婚の新次郎からの贈り物ということで、特別にあさにソロバンの勉強が許されることとなりました」

N　いきいきした表情でソロバンを打つあさ。

『好きこそものの上手なれ』と言う言葉通り、あさのソロバンの腕はめきめきとあがり……」

同・店頭（日替わり）

ソロバンで計算をしているあさ。

その速さと正確さに息をのむ番頭や丁稚たち。

N　「……ついには今井の家で働いている丁稚や番頭をも驚かせるほどとなりました」

背筋を伸ばして打つそのあさの真剣な表情。

見ている忠興、梨江。

忠興　「（苦笑）お琴はあんな稽古してもヘタくそやのに、どういうことや」

梨江　「へえ、それにしてもあのソロバンを入れる姿、誰かさんによう似てますな」

忠興　「は？」

忠興を見てクスリと微笑むと去っていく梨江。

ムッとしながらも忠興、そうやろかと考えて、

忠興　「……」

（第1週第6回、シナリオ39）（文献資料2）

PART Ⅱ

2 「お家を守る」ことと「学問」

姉のはつとあさのふたりの将来について、それぞれ幼少のうちに親によって決められた許婚のある身として次のことがあらかじめ定められている。すなわち、実家の慣習にしたがって実家と同業の両替屋へ「嫁」入りするということである。こうして（おそらく豪商の場合であろうが）、一人ひとりの女性の生涯が「家」に結びつけられている。あさは、このように自分の将来が決められていることに反撥する。この点で親の言う通りにしたがうはつとは異なる態度をとっている。しかし時がきて、結局はあさもはつと同じく「嫁」入りのために実家を出る。

そのとき、彼女たちにとって「嫁」入り後の生活の指針になるものがあった。それは、実家の父親が姉妹に教えた一つの言葉である。その言葉とは「お家を守れ」（ドラマガイド1：85参照）というものである。

いよいよ婚礼を間近かに控え、忠興ははつとあさに商家の嫁としての心得を言い含めた。

「ええか。二人とも、しっかりお家を守れ」

腹を据えて家を守ることが女性の大事な務めだと諭し、忠興は珍しく笑みをたたえた。

「帰ってくんなよ」

はつとあさは、忠興の教えを胸に刻んだ。いったん他家に嫁せば、よほどのことがないかぎり／実家に帰ることはできない。それが、この時代の娘たちだった。

（ノベライズ　上46-47）

父親のこの教えは、その後はつとあさの会話の中でも、またそれぞれの心の中でも繰り返し想い起されて強調される。こうして、姉妹には「お家を守る」ことが「嫁」としての自分の使命として教えられたわけである。

この教えは、幕末という時代・社会において商家の「嫁」として生きる女性の位置をめぐる一つの通念を端的に示すものであろう。やがて時代は明治維新を迎え、それまでの商家の在り方は大きく変化せざるを得ない。それぞれの商家は、とりわけ両替屋の場合は、貨幣取り引きの制度変更（「全国の貨幣制度の統一を目指す新政府は、江戸で使われていた金貨を重視し、上方を中心に普及していた銀貨による取り引きを廃止した」。ノベライズ　上89）により家業を変えてでも存続を図らなければならないという事態を迎えたわけである。このことによって、その時代・社会の変化の中で両替屋の「嫁」としての生き方も大きく変化する。姉妹は、この変化の中で「お家を守る」とはどのようなことなのか、あらためて捉え直すことを迫られる。

そこで大事なことは、ふたりが父親の教えを自分自身の生き方にしようとしたということである。すなわち、はつにとってもあさにとっても父親のこの教えを遂行すること、そしてそのことによって何よりも「嫁」であること、ここに彼女たちそれぞれにとっての自分の存在理由があったと思われる。

この自分の存在理由をどのように解釈して具体化するのか、を決めるのは姉妹それぞれの生き方である。それぞれの生き方を主に特徴づける点に注目するならば、あさは実業活動を通じて、はつは「賢母良妻」を具体化するような生き方を通じて、それぞれ「お家を守る」ことを追求する。

こうして、このドラマの重点の一つとして、姉妹がそれぞれの仕方でどのように「お家を守る」のかが描かれることになる。

ところで、あさは実業活動を通じて「お家を守る」ことを目指すのだが、この活動の根底には少女時代以来の彼女ならではの「学問」の欲求がある。この欲求の満足は彼女の実家では商家の慣習上のこととして禁止された。それは、「男子」には当然のこととして要求されたが「女子」には禁じられた。そこには、はっきりとした男女差別があった。もしあさがはつと同じような「女子」であったとすれば、この差別は差別として強く印象づけられることはなかったかもしれない。しかし、あさはとりわけ強く「学問」の欲求をもっていた。それゆえ、あさにとっては性別による差別が身をもってはっきりと差別として捉えられた。そしてこの差別を乗り越えること、とりわけ「学問」の欲求を満足させることがあさの人生上の課題として自覚された。あさは、さしあたりは個々の実業活動を追求することで、差別をいわば無差別の状態にさせる。しかし、あさの目標は個々の実業活動の次元を超えて、商い一般へと向かう。あさは「一人の商売人」(実家の父親今井忠興の言葉。後述参照)として認められる。だが、そのことによって彼女の「学問」の欲求が満足させられるというわけではない。この欲求は、さらにそれ自身を展開すること自体を「学問」の対象とするところにいたる。「学問」の主体は「学問」自体を自分の営みの目的とするのである。

この「学問」の欲求があさにとっては女子高等教育の追求、日本初の女子大学校設立につながる。あさの活動自身がいわば成澤泉（モデル：成瀬仁蔵）の女子教育論における女子高等教育の内容、とりわけその人間像を一つの例として先駆的に具体化するものである。

そしてそれとは一見無関係に見えるかもしれないが、しかし実は姉はつの人生もまた同じく女子高等教育における人間像の具体化の一つの例になっている。というのは、はつは「賢母良妻」とはどのようなものであるのかを示しているからである。当の女子教育論は、むしろ「賢母良妻」を主要な目標として捉えている。あさの実業活動はドラマのヒロインのいわば人生行路の諸段階として描かれるけれども、女子教育論の主要な目標として捉えられた「賢母良妻」から見るならば、実はひとりの女性としては実業活動のうちにその存在が示されたきわめて特別な例（新次郎の言い方にならえば、「格別なおなご」）であろう。少なくとも当時としてはそのように言わざるを得ないであろう。もちろんそれは、女子高等教育の一つの可能な人間像としては位置づけられるものではあろうが。しかし、かえってそれゆえにその担い手の個性を際立たせるものとして捉えられるであろう。つまり、あさが他の誰でもないあさであるということ、その「人」らしさが示される。（当の女子教育論においては「女子を人として教育する」と言われている。）（後述および文献資料9参照）そこでの「人」概念があさが他ならぬあさであるという「人」らしさが示されるという点で、ドラマと内容的に対応している）。かくて、女子教育論における主要な目標との対比においてヒロインの活動が取り上げられることによって、このドラマがドラマとして成立するわけである。

そこで問われるのは、ヒロインの活動がどのような意味でドラマを成立させることになったのか、ということである。その点については、ヒロインのあさがどのように「お家を守る」ことに努めたのか、が焦点になる。

「嫁」であることをめぐって実家の両親の教えにしたがうという事情は、あさにとっては自分の立ち居振る舞いについて一つの想定の範囲を越えさせることになった。ここで言う範囲とは、この教えが言われたときに意味していた範囲、つまり実家の両親の教えのうちで「嫁」入り先での「嫁」の務めとしておそらく想定されていたと思われる範囲である。そこでは「嫁」入り先の奥向きのことに自分の仕事を限定することが当然のこととして要求されるであろう。しかし、あさはこの範囲を越えて家業の一部（大名からの貸金回収など）を担い、やがて家業の方針そのもの（炭坑経営、銀行開業など）を提案し、その決定に関わり実業界に進出することになった。このような活動は、当の時代の条件では商家の「嫁」にとって考えられないこと、したがって事実上許されていないことであったと思われる。

ところがあさにとっては、「お家を守る」ということは当の許されていないことそのこと自体であった。というのは、あさの立ち居振る舞いは「嫁」入り先の奥向きのことに自分の仕事を限定することとは正反対に、つまり家業には触れることがないどころか、むしろ逆に家業に関わる事柄に自ら積極的に取り組むことにあったからである。つまり、それは家業そのものを担うこと（両替屋としての経営を立て直すことに始まり、それからさらにもろもろの実業活動を進めること）であった。

かくて、明治維新の混乱の中で家業が倒産しかねないという危機を回避すること、このことが、あさにとっては「お家を守る」ことに他ならなかったのである。このように、ドラマの背景としての時代の転換期に起きた非常事態は、あさがそれまでの想定の範囲を越えて行動するように彼女を促したわけである。これは、あさ自身にとっては、両親の教えにそむくどころか、むしろそれにどこまでも忠実にしたがったことによって生じた結果である。この結果が、客観的にはまったく逆向きに、あさをそれまで想定された範囲を越えさせることになったと言えよう。そのことによって、あさはひとりの女性実業家として歴史に登場したのである。（文献資料3）

あさが家業に「嫁」として関わるようになる事情は、ドラマでは新選組の土方歳三からの借金申込みの際、返金の見通しを尋ねたというシーンに描かれている。

店の前に数人の武士が立っている。だんだら柄の羽織からして新選組の隊士たちだろう。

正吉も慌ただしく店に出てくると、隊士たちの真ん中にいる武士が名乗り出た。

「俺は新選組副長、土方歳三だ。夜分にすまない」

傍らにいた大石鍬次郎が、血判による押印入りの証文を書き、四百両もの大金をすぐに用立てるように求めてきた。幕府再興のために必要な金だと、土方、大石ともに高圧的な態度だ。

あさは物陰からこっそり成り行きをうかがっていたが、正吉たちが金の準備を始めるのを見てこわごわ店に出ていく。

「あ、あのぅ……。先ほど土方様は『幕府再興』とおっしゃいました。もし幕府に何かあったら、その四百両、ほんとに返してもらえるんでっしゃろか？」

「何？」

「いえ、両替屋は信用が何より大事でして、それであなた様方を信用してよろしいのかと思いまして……」／

あさの大胆すぎる質問に、あさに信用うんぬんを教えた張本人の雁助が頭を抱えた。

「おのれ、新選組が信用できぬと言うのか！」

大石が刀の鞘《さや》に手をかけ、すんでのところで土方が制した。

「あさちゃん、謝りなさい！　今すぐ謝りなさい！」

命あっての物種だ。正吉はこの危機を切り抜けようと、ともかく謝罪させようとした。

だが、あさは謝らない。刀で信用を奪い取ろうとする者を、どうやって信じればいいのだ。

「う、う、うちはお金を返してくださいますかと聞いてるだけだす。うちはこの家の嫁や。この家を守ることが嫁のうちの務めだす！」

あさは泣くまいと気丈に振る舞っているが、体は正直で足がガタガタ震えている。

新次郎はあさを後ろ手にかばうと、土方たちの前に膝を折った。あさの代りにわびを入れようとしたのだが、その前に土方の豪快な笑い声が店内にとどろいた。

「女だてらに俺たちを恐れぬとはたいした度胸だ。大変な嫁をもらったものだ」

そう言うと、土方はあさに向き直った。

「おい、ご内儀。むろん、返す。……命があればな」

土方とあさの目が合い、あさは腰から力が抜けてへなへなと床に崩れ落ちた。

（ノベライズ　上71-72）

大福帳をあさのためにもってきた新次郎の行動に助けられ、そろばんを駆使して大福帳で貸付高を調べ上げるシーンが描かれる。こうしてあさは、両替屋という家業の根幹部分について大福帳に示される金の貸借の実態の「勉強」をすることができたのである。

夜になると、新次郎は懐に大福帳を隠し持って寝所に入った。あさは赤いそろばんを取り出し、新次郎が読み上げる借用書の数字を足し上げていく。大福帳は数冊にも及び、あさがすべての数字を打ち終えるのに一週間を要した。

「九百万両。これが貸し付けの総額や……はぁ」／

先日の雁助の概算をはるかに超える巨額がはじき出されたのである。ならば、加野屋の身代を支える千両箱が、今も蔵に山と積まれているのかはなはだ怪しい。

あさと新次郎は、裏庭にある蔵へと向かった。中に一歩足を踏み入れ、新次郎があ然とした。

「ない……千両箱がこんだけしかあらへんて」

あさが危惧したとおり、大名たちに貸し付けたお金が戻っていない。たとえ戦になっても、幕府が存続すれば、世情が安定するに従ってお金が返ってくる可能性が残っている。

「そやけど、もしもだす。もしも徳川様が負けたら……」

あさがまた口をつまんだが、新次郎も事ここに至って、貸し倒れになる不安を募らせた。

（ノベライズ　上73-74）（文献資料4）

このように、あさの実業への関係は家業の実態を知ることから始まった。注目に値するのは、このように家業の実体を知ることがそのままあさのいわば形を変えた「学問」になっていたということである。

3 「学問」と実業活動

あさを動かすものは、「学問」の欲求である。「学問」については、あさの実家においては「女」には「学問」の必要はないとして禁じられていた（ノベライズ　上25参照）。その場合「学問」としては儒教の古典を読むことなどが想定されていた。しかし、「学問」はここでの「学問」という用語における捉え方をも含みつつ、さらに一般的には一人ひとりの人間にとって自分と世界との関係についての何らかの答えを求めようとすることそのこと自体である。したがってそれは、当の関係についての何らかの一つの答えを求める営み一般であると言えよう。あさの場合には、そろばんのみが例外的に認められた。そこであさの「学問」の欲求は、そろばんを打つという仕方で進めることができるものに形を変えたと考えられる。そろばんは当時商いの道具として汎用性があり、特定の実業活動に向けられるものではない。つまり、それゆえにそろばんは用途が必ずしも限定されることがないであろう。

少なくともあさにとっては、そろばんはいわゆる「学問」に代わるものとして彼女の「学問」の欲求を満足させるものという意味をもったと思われる。

そろばんという商売の道具への接近が禁じられなかったこと、このことが、あさにとっては、自分なりの「学問」を進める基盤になったのであろう。このように、彼女の「学問」ははじめからきわめて実践的なものであった。

「嫁」入り先においては「お家を守る」ためには、この形を変えた仕方での「学問」の欲求を満足させることが不可欠であった。

このように形を変えた仕方での「学問」を進めることを可能にした要因として挙げられるのは、実家の両親とは異なる加野屋の男たちの態度である（ノベライズ　上74 - 75、78、79 - 80、83 - 86参照）。

まず主人の正吉は、あさの気持ちを理解して家業の一部を任せるようになった。

正吉の前にあさと新次郎は神妙な顔で座した。あさは大福帳にあった膨大な借用書や証文を見直し、宇奈山藩に目をつけていた。何十年、何百年と長く信用第一の取り引きをしてきた大名家や諸藩の中にあって、宇奈山藩はほんの十年前からのつきあいにすぎない。

「期限をとうに越えてんのに、加野屋とつきあいが始まってからまだいっぺんもお金を返してもろておりまへん。それに、ほかのお店からもお金を借り続けているみたいで」／

「そこまで調べてたとはなあ……」

正吉はうなった。あさの熱心さは称賛に値する。命懸けで新選組と対峙《たいじ》し、雁助を追いかけ回してでもお金の仕組みを知ろうとした。一見無謀に思えるあさの行動は、商いを学びたいという意欲につき動かされていて、学んだ知識はこうして店を守るために役立っている。

「やってみなはれ」

とうとう正吉が折れた。ただし、宇奈山藩だけだとくぎを刺した。

（ノベライズ　上79 - 80）

日参しても相手にしなかった蔵屋敷の藩士たちは、夜を徹してでも返金を求めるあさを屋敷内の荷物の積み下ろしなどの男たちの部屋に入れるが、金を返さなければ帰りそうにもないあさに根負けして一部を返す。正吉はあさの働きに驚嘆し、加野屋の働き手の一人として正式に認める。

「お義父様、旦那様、返していただきました！」

あさが懐から風呂敷を出すと、数十枚の小判が入っている。朝、やっと宇奈山藩の勘定方が出てきて、「これ以上この若奥さんに居座られてはかなわん」と、根負けして返金に応じたのだ。

「なんと。お侍がおなごのあささんに負けるとは……」

あさの活躍は、正吉の予想をはるかに超えていた。返されたのは貸金の十分の一にも満たない額だが、宇奈山藩にとって前代未聞の出来事に違いない。

［…］

正吉は、苦しい財政を何とかしようと果敢に立ち向かったあさに感謝の気持ちでいっぱいだ。

「あんたは今日から正式に加野屋の働き手の一人や。これからも、この加野屋に力を貸してくれますか？」
「……へぇ、もちろんだす！　おおきに、お義父様！」／
あさの努力が報われたのだ。それからというもの、あさは水を得た魚のように商いに打ち込み、正吉から頼まれた藩の蔵屋敷を回ると、少しずつではあるが貸金を回収していった。
（ノベライズ　上85-86）

このように正吉はあさの気持ちを受け容れたばかりではなく、その気持ちに基づいた行動をも認めた。正吉が病気のとき、新次郎の代りにあさが銀目《ぎんめ》手形の金に換えることを求める客たちの前に押し出される。


加野屋でも対応に苦慮していた。当主を出すにも正吉は床についたまままいまだ腰が立たず、十一歳の榮三郎では町の人たちが収まらないだろう。

となると、新次郎しかいないのだが――。

「そやけどなぁ、わてはどないしてええのかもとんとわかってへんし……せや。あさ、ひとつこ／こは頼むわ」

新次郎のへっぴり腰に、あさはもちろん、榮三郎や亀助がのけぞった。

「う、うちはおなごだす！　こないなときに出ていっても甘《あも》う見られるだけだす」

「おなごいうたかて男以上にしっかりしてるがな。あんたは普通のおなごやあらへん。格別なおなごや。……あさ、頼む。お前が何とかしれくれ」

新次郎に拝み倒され、あさは義侠心《ぎきょうしん》に駆られた。

「……わかりました！」

店の外では、群衆に囲まれた雁助が、懸命になだめすかそうとしている。

「皆様、先ほどから申し上げておりますとおり、何も銀目手形が紙くずになるのではございまへん。金手形に換えて振り直しますので、どうかどうかご安心ください」

声をからして説明しても、町人たちの興奮は収まらず、罵声が浴びせられる一方だ。

雁助の額に青筋が立ち、いくら客といえども今にも堪忍袋の緒が切れそうだ。

「お待ちやす」

店の戸が開き、中からあさが出てくる。女性の登場に虚をつかれたのか、町の人たちがいったん静まった。こいつは誰なのか、何を言い出すのかと好奇の目で見る者もいる。

「え。えと……皆さん、うちはこの家の嫁のあさと申します。当主の正吉は具合が悪うて伏せっております」

あさが話し始めると、町人たちがまた騒ぎだした。都合が悪くなると当主が病だということにして責任逃れしようとする。はたまた、女だからといってごまかされないといった声もある。／

「うちは両替屋。お金をやり取りする商いだす。お金いう大事なもん扱うのに、お互い信用せなんだらどないなりますか？　ちょっと落ち着いておくれやす！」

あさは話すにしたがって冷静になった。その堂々とした態度は、大坂で一、二を争う両替屋としての自信に裏打ちされている。加野屋なら大丈夫そうだと、客の信頼を取り戻していく。

(ノベライズ　上89 - 91)

このような経験は、あさがあさなりの形で「学問」をどこまでも進めて実践することを可能にしたであろう。

商売人としての態度を身につけることを、あさは実践的に商売人との交渉のなかで果たしていく。たとえば、貸した金を返してもらう場合は先の藩屋敷との掛け合いで身につけたわけだが、借りる場合はどうなるのか、あさは商人としての意気込みを試される。

奈良の玉利家では、主の友信が、妻のフクと女中の話に驚いていた。馬小屋で一晩過ごせと言/えば、大概の者は軽んじられたと立腹し、借金を諦めて帰っていく。それを、あさは喜々として馬小屋の掃除をしたという。友信はがぜん、あさに会ってみたくなった。

客間で向き合うと、友信は、まずは馬小屋の一件で勝負があったと負けを認めた。

「けどな商売には人情は禁物。わしは商いに関しては危ない橋は渡らんことにしている。瀕死《ひんし》の両替屋なんかに金貸して、返済する当てはあるのかいな？」

友信が痛いところを突き、じっとあさの目をのぞき込んだ。

「今の世の中には……もうじき新しい朝が来ます。世の中が変われば、時代に合《お》うた新しい商いが出てきます。うちは……両替屋だけではのうて、新しい商いでもうけたいと思うております」

「新しい商い？　何をやろうというのか知りたいもんやな」

「そら……言うわけにはいかしまへん」

「何やて？　金貸せ言うといて言われへんのかいな」

「へぇ。商人はお互いにしのぎを削って生きてます。加野屋が何をやるかは秘密だす。玉利さんかて、商いの手の内は人に見せとうはござりまへんやろ？」

あさは笑みを浮かべ、友信がじっと見据える目を見つめ返した。

「……目が泳がへんな。ええ度胸してるがな。いや、ごもっとも！　その意気込みやったらきっとでかいことができるやろ。よし、金は貸そう。あんたはそのうち日本一の女商人になる。いつかそうなったときは、この玉利の恩をきっと忘れんといてや」

「へぇ、忘れまへん。昔、お金をお貸しした恩をお忘れになったことも、馬小屋で待たされたことも、このご恩も、この加野屋のあさ、決して忘れまへん！」／

あさが歯に衣《きぬ》着せずに言うと、玉利は一本取られたと小気味よさそうに笑った。すっかり玉利に気に入れられたあさは、無利息でお金を借りることに成功した。

（ノベライズ　上97-99）


そしてまた夫の新次郎は、あさの「学問」を禁じたりせず、あさが関心をもっているものについてはむしろ積極的に認めた。このこともあさの「学問」のために大いに助けとなったであろう。そして彼は自分からやりたくてやったというものではないにせよ、あさに大福帳をもってくるなど手助けもした。このことによってあさの行動も可能になったわけだが、さらに、五代才助からの伝言を受けて大阪商人の集まりに出るようにと勧める。あさが新政府の役人としての五代に正面から新政府の政策を批判したときのすぐあとのことである。

新次郎はあさを背後から支えて商人として前面に押し出す不思議な役回りだったようである。（そして新次郎自身がはじめはともかく、成り行き上家業の一部門に関わるようにならざるをえず、そしてあさからの刺激を受けてか、だんだんと実業家としても重きをなすようになった。）

大阪商人はしばしば料亭などに集まり、商いの話を中心に持ちつ持たれつの関係を保っている。ただ、旦那衆ばかりの集まりで、奥の仕事を預かる女性が行くことなどめったにない。

「いや、あさ、出ときなはれ」

「へ？　……けど、うちは今そんな心持ちでは……」

気乗りしないあさに、新次郎は参加するようにと強く勧めた。新政府の役人に面と向かい、政策を非難したにもかかわらず、罰せられるどころか、集まりに出ることで許してもらえるのだ。

「それに、商いの勉強したいて言うてたやろ。ちょうどええがな。よろしか？　行くんやで、必ず行っとくんやで」

一挙両得だとでも言わんばかりに勧めると、新次郎はふらりとどこかへ出かけてしまった。

（ノベライズ　上 111）

4　社会的な場面での「学問」の欲求

こうして、あさは大阪商人の集まりに、大新次郎に後押しされて、参加するようになる。あさの「学問」の欲求はいわば社会的な場面で展開するようになるのである。

明治二（一八六九）年。

とある料理屋で開かれた大阪商人の集まりに、あさはいまひとつ気が進まないまま正吉に連れられて参加した。紅一点のあさは当然目立ち、あえて無視する者や好奇の目で見る者もいる。集まっていたのは正吉のほかに、山屋与平、祇園屋、天神屋、神田屋などだ。正吉が旦那仲間と談笑し始め、知り合いのいないあさが居心地が悪いのを我慢していると、時間がたつにつれて周囲の会話が耳に入ってきた。大阪商人の集まりならではの情報が飛び交っていたのだ。

「造幣局が大阪にできるのは五代様のおかげや」

「金貨や銅貨つくるために鉱山にも手ぇ出すてな」

「せや、五代様の話では、エゲレスでは『れいるうえい』いうて鉄の塊が走ってるんやと」

どれも、あさの耳に新しい話だ。

「もう帳面の上だけにお金がぎょうさんあってもあかん。幕府がのうなって、お大名も当てにならへんのやさかい」

「山王寺屋も、ちぃと前にそれがわかってたらなぁ」

あさはいつしか旦那衆の話に耳を傾けていて、この日だけでも、世の中の流れが少しだけ理解できるようになっている。

「ま、とにかく五代様から新政府の話を聞かんことには何も始まらへんがな」

与平が言い、旦那衆が賛意を示した。ということは、才助はかなりの実力者らしい。

正吉が戻ってきて、あさの隣に座した。

「どや？　退屈してへんか？」

「もっと早《はよ》う来て、もっといろんなことを知って、お姉ちゃんと話したらよかった。やっぱりお家を守るためには、おなごにかて知識は必要やったんだす」

その意味では、ここに来るきっかけをくれた才助に礼を言いたい。

あさが今、すべきなのは、はつを無理やり捜すことではなく、世の中を動かしているものや仕組みを知ることではないか。そう示唆してくれたのは、ここに連れてきてくれた正吉だった。

幸い、あさは恵まれた境遇にいる。知識をどんどん吸収し、蓄え、役立たせれば、はつと約束した「お家を守る」ことにつながり、いつかははつの力になれる日が来る。

この日以来、あさは商人たちの集まりに参加するようになった。積極的に旦那衆の中に入り、わからなければ「なんでだす？」と納得するまで繰り返しては周囲を辟易させている。貪欲に学ぼうとするあさの存在は、いつしか大阪の商人たちに知れ渡っていった。

（ノベライズ　上112 - 113）

いまや、あさの「学問」の欲求がどのような方向へと向かって進むのか、その内容が見出されるべき段階に達したようである。

PART III

5　炭坑業

5-1　炭坑を買う

大阪商人たちの情報から、あさは東京に「陸蒸気《おかじょうき》」なるものが走るようになり、「物や人を運ぶ大きい鉄の車」であるというそれが石炭で走ると聞き（ノベライズ　上118参照）、炭坑への関心をもつようになる。

実家の父親今井忠興もあさのこの関心をあさなりの「お家を守る」仕方として事実上承認する。

「……炭坑は日本の国力を増す、意義のある事業や。京都でも鉄道会社設立の動きがある。これからの石炭産業の発展は間違いないやろう」

「やっぱり……」

あさは喜色を浮かべた。／

「けど難しいなぁ」

炭坑は災害が発生しやすく命の危険と背中合わせで、現場で働いているのは手に負えない荒くれ者が多い。よほどしっかりした男が棟梁《とうりょう》にならなければ、彼らを統率することはできまい。

「誰が考えても女には無理や思うやろ。それにいくら加野屋はんかて安い買い物やない。炭坑についてはいっぺん立ち止まって、ほんまにできることか、よう考えろ」

「……はい」

「それでもできる思うんやったら……助けはせんが、勝手に頑張れ。お前にとって家を守るいうんは、そういうことなんやろ」

優しく接することに不器用な忠興の、これが精いっぱいのあさへの応援だ。なぜか気恥ずかしく、歩調を速めて先を行く。

「おおきに、お父はん」

あさは明るい声を投げかけ、小走りに忠興に追いついた。父と娘、よく似た大股で歩いていく。

(ノベライズ　上133-134)

あさの提案通り加野屋が炭坑買いを決めることになったのは、正吉が賛同してくれたおかげである。

炭坑の購入意欲は誰にも負けないが、いちばんの問題は資金の調達だ。今用意できる金額は、それが希望する売値にとても届かない。あさが不足分の分割を願い出ようとするのを、正吉が話の途中で口を挟んだ。

「土佐堀川の一角に、米蔵がありましてな。あれはこの加野屋の蔵でございます。それをこの機会に売ろう思てます」

大阪の一等地にある土地を手放すのは、正吉がいかにあさを信頼しているかを明確に表している。その前でそれだけの決意を示すと、正吉は姿勢を改めた。

「それに、この嫁が炭坑を身をもって成功さして、足らへん分もすぐにお支払いするとお約束いたします」

あさは持てる力のすべてを費やし、正吉の期待に応えるつもりだ。

「炭坑はこれからの日本を支える大切な事業だす。きっと宝の山にしてみせます」

「そうですと……亡き夫が大事に育ててきたものやけん、どうしてもっちいう人に譲りたいと思うとりましたと。今日お会いして心決めました。代金は分割でかまわんですき、加野屋さんにお売りいたしまっしょ」／

「あぁ！　ほんまだすか。おおきに。おおきに！」

あさは、心意気を買ってくれたそえに幾度も感謝した。

正吉が証文をつくるために中座すると、そえはその背を見送り、あさに向き直った。

「あささん、あぁた、わかっとると？　自分が恵まれとるちゅうことを。女のあぁたをこれだけ信じてお商売のことを任せてくださるっちゅうのは、めったにあることではなかとよ」

「あ……へえ。そのとおりやと思います」

それだけではない。町の中を闊歩《かっぽ》するあさは大阪の商業会では有名で、不快に感じる者も少なくないはずだ。これまでやって来られたのは、あさの背後に正吉がついているからだ。

実は、そえもまた大股で歩き、亡き夫に叱られたのは、今となっては懐かしい思い出だという。

帰り際、そえは新次郎にだけ、女が大股で歩き続ける道の険しさをほのめかした。

（ノベライズ　上148 - 149）

5-2　炭坑の現場

炭坑の現場では坑夫たちは「おなご」のあさを炭坑の新しい持ち主として認めず、働こうとしない。あさは炭坑のことを知ることから始めようとする。しかし、彼女は炭坑の恐ろしさを十分には捉えておらず、親分の治郎作に叱られる。

翌早朝。あさは金づちと鏨《たがね》を手に、坑道の前に立った。暗くて何も見えない坑道の奥に目を凝らし、着物の裾をたくし上げると、中に足を踏み入れようとした。

「な、なんしよるとか、コラ！」

治郎作の怒声が響き、驚いて振り向いたあさは、治郎作から平手打ちを食らった。

あさが坑道に入ろうとしたのには理由がある。炭坑の持ち主である以上、女だからという理由で坑夫たちからはじかれたままでいるわけにはいかない。炭坑のことをきちんと知ってから、もう一度治郎作たちとの話し合いの場に臨もうとしたのだ。

しかし、治郎作は平手打ちだけじゃ飽き足らず、「ばか野郎」と罵った。石炭は燃える石だ。坑道で万が一にでも火がつけば、中の者は火だるまになる。動き方を間違えれば土が崩れて生き埋めにされるし、爆発が起きたり、鉄砲水で流されたりする危険もある。

「炭坑ちゅうのは、いつだって死ぃと隣り合わせなんぞ。そげんこつも知らんで、ばか女が」

あさが茫然としている間に、治郎作は酒瓶を手に立ち去った。

(ノベライズ　上159)


話し合いでは坑夫たちは納得しない。話し合いのもつれから、五代があさにもたせたピストル(註1)が暴発してしまう。あさは結果としてピストルの力で坑夫たちがあさにしたがうようにさせることになる。


予期せぬ事態に、あさの背に冷たいものが走った。だが、平静を装い、足元のピストルをゆっくりと拾い上げると、脅しに屈しない強い意思を表すように、まっすぐに坑夫たちのほうを見た。

「うちは何が何でも、この炭坑を成功させるという不退転の気持ちで大阪から来たんです。この決心をわかってもろて、石炭掘っていただくとしっかり約束交わすまで、決して大阪には帰りまへんよって!」

坑夫たちは静まり返り、あさとピストルを遠巻きに眺めていた。

(ノベライズ　上164)


そういうところに大阪から新次郎がやってくる。あさは「商い」の上での自分の「覚悟」の不足を自覚して弱音を吐く。このあさに新次郎はピストルで示される「男」の「力ずく」の仕方によらないあさなりの「柔らかい」仕方を勧める。新次郎がピストルに対置するのはあさの頬の「大福餅」である。ここにあさの主体的な態度を支える根拠が捉えられる。

／

「うち、今回ばっかりはもうアカンかもわかれへんて何度も思いました。新しい商い始めたいやなんて言うといて、うちにはまだ商いを自分で仕切るという覚悟が足らんかったんや思います。大勢の人を動かすためには、もっと自分が強《つよ》ならんとあきまへん。せやからうち……」

話している途中で、新次郎があさの両頬を指でつまんだ。大福のように柔らかく、よく伸びる。

「そうか……わてかてな、商いするもんが、なんちゅうかこう、気ぃの強さいうか、はったりいうか、ちょっとは強引なとこがあれへんかったらやっていかれへんいうのは、まぁ、わかる」

新次郎は話の核心に触れず、あさと机に置かれたピストルを交互に見た。

「……そやけど、うん、やっぱりな、あんたにはこれ、ちょっと似合わへん。こないに硬いもん……あんたの武器はどっちかいうたら、このやらかい大福餅や」

新次郎がまたあさの頬をつまんだ。

「大福餅？　はぁ、そらうちかて大福さんのほうが好きだすけど、お餅では相手に勝てまへん」

「そやろか？　わて相撲で投げられたときもひえ〜思たけど、それよりもこない、あんたの柔らかいとこに触れるたびに、あぁ、かなわへんなて、いつもそない思うで」

あさの内面には、人を包み込む大福のような柔らかさがある。その柔軟性をもって勝負すれば、容易に勝てる相手はいないだろうと、新次郎は思っている。

「強うなるいうんは、何も武器持って腕ふるうことだけやあれへん。相手負かしたろ思て武器持つやろ。そしたら相手もそれに負けへんようにもっと強い武器持って、そしたらこっちはもっともっと強い武器を……で、こらな、太古の昔からアホの男の考えるこっちゃ。あさは……何もそない力ずくの男のまねせんかて、あんたなりのやり方があんのと違いますか？」

思い返せば、あさは大好きな祖父・忠政から同じようなことを言われた。

（おじいちゃんは、うちが男やったらええって思てたん？）

（思うてたんや。けどな、おなごにはおなごのよさがある。おなごのやらかいよさがなぁ）

「旦那様……あの……なんていうか……おおきに」／

恥じらうようにほほ笑むあさを、新次郎はそっと抱き寄せた。

（ノベライズ　上168 - 170）

しかし、「大福餅」の方法を具体的に展開することは坑夫たちとの関係ではなかなか難しい。あさの考えた方法は子どもの頃から鍛えていた相撲で決着をつけることである。あさは、「おなご」とは相撲をとらないという治郎作によって指名された支配人の宮部と相撲をとることになる。

急きょ土俵がつくられた。あさと宮部が向き合い、四股を踏むと、坑夫たちは興奮しながらはやしたてている。たまりかねて新次郎も出てきて、治郎作のそばで青くなって見ている。

「はっきよーい　のこった！」

行司役をやらされた亀助の掛け声で、あさと宮部はがっぷり四つに組んだ。坑夫たちから歓声が上がり、にぎやかに双方を応援している。

宮部がぐいぐいとあさの体を押し、あさは必至に粘るがじりじりと土俵際まで後退していく。

カズたち女房の一団も見物に来ていて、追い詰められたあさに声援を送った。

「頑張り、奥さん！　負けたらつまらん！」

「そうちゃ、奥さん！　こん炭坑の懸かっちょるんぞ！　気張らんか！」

ひときわ大きなだみ声は、治郎作からの応援だ。

あさはがぜん奮い立ち、土俵伝いに足を送って回り込み、柔軟に体をかわすと、そのまま宮部を左下手に投げ飛ばした。見物していた坑夫たちがどよめいている。

「し、下手投げで、白岡あさの勝ちぃ！」

行司役の亀助が軍配を上げ、あさは坑夫たちからやんやの喝采を浴びた。女だからという甘えのないあさの相撲は、一番勝負で見事、坑夫たちの心をつかんだのだ。

新次郎ははらはらして寿命が縮む思いだったが、それ以上にあさを誇らしく思う。／

あさは息を切らせながら、カズたちに取り囲まれて突き抜けた笑顔になっていた。

（ノベライズ　上172 - 173）

あさの相撲への態度のうちに坑夫たちは、あさの真剣さを認め、これからは働くことを誓う。ここに炭坑の持ち主であるあさと坑夫たちとの間の相違を越えて、いわば「人」としての両者の心の交流が生まれたわけである。そのような両者の関係は、あさなりの「柔らかい」仕方が発揮された成果ということになるであろう。（相撲がその当の仕方かどうかは難しいところであるが、坑夫たちを納得させるには必要なものであったのであろう。）


大一番を取り終え、あさが水を飲んでいるところに、治郎作が来て地面に正座した。

「今まで無礼ばかりしち悪かった。あんたん根性には、ほんなごと恐れ入ったけ」

治郎作の後ろには、福太郎、伊作ら坑夫たちがずらりと並んでこうべを垂れている。

「いや、ほんなこつな、ピストル見せられたときにゃ、しかたのう働こうかち、そげ思っちょった。だけん、これからは違う。これからは俺だち、加野屋さんとのために気張って石炭掘りますけ」

治郎作がにっと笑った。福太郎や伊作が「お願いします」と頭を下げると、ほかの坑夫たちが福太郎にならって次々に頭を下げた。

「ほんまだすか？　おおきに！　おおきに！」

あさは小躍りし、カズたちと手を取って喜びを分かち合った。努力の成果が実り、やっと坑夫たちの信頼を得ることができたのだ。

治郎作は男の約束は守ると宣言し、今まで休んでいた分まで張り切って採掘すべく、坑夫たちを引き連れて坑道にむかった。

（ノベライズ　上173）

あさは新次郎から借りた福沢諭吉『学問のすゝめ』（初版、明治五〔一八七二〕年二月）を読み、炭坑での現実に思いをはせる。この現実がこの本の言葉に反することを意識する。

炭坑に行くだけでも一苦労で、あさは九州に行くたび肩や足がぱんぱんに張ってしまう。新次郎が「どれどれ」とあさの背中に回って肩をもみ、包み込むように抱きしめた。あさは気持ちよさそうに新次郎に身を委ねた。炭坑の仕事は体はきついが、そこで働く人たちとは徐々に気心が知れてきた。それでも、炭坑ならではの問題点もある。

「この本には『天は人の上に人をつくらず、人の下に人をつくらず』て書いてありますけど……なかなかそうはいかしまへんなぁ」

あさは『学問のすゝめ』を床に置き、そっと目を閉じると、あっという間に幸せそうな寝顔で眠ってしまった。

（ノベライズ　上205）（文献資料5）

あさは、この言葉についての彼女の解釈にそって、炭坑における人間の「平等」を可能にする改革を提案する。

「うち……この炭坑の改革をせな思うんだす。なんぼ働いても、賃金のほとんどがお酒や道具に／消えてしまうようでは、坑夫さんたちの暮らしはいつまでたっても楽にならへん。夢も希望もあらしまへん。うちは、現場の皆さんに『働いたらその分ええ暮らしができる』いう希望を持ってほしいんだす」

あさなりに考え、採掘量が多かった組には、坑夫たちに褒美を出したらどうかと提案した。

「その褒美は納屋頭さんは通さず、加野屋からじかに坑夫の皆さんに渡すんだす。そしたら士気かて上がりますやろ。それから、坑夫さんのものを納屋頭さんが売るいうことも禁じよ思うんだす。これからは、要るものすべて加野屋がまとめて仕入れて、それを坑夫さんたちに安う売ることにしよ思て」

これらは飯場のしきたりを根底から覆す改革だ。

（ノベライズ　上207−208）

あさの人間の「平等」実現の提案は納屋頭サトシの炭坑所有者と坑夫たちとの間に「平等」なしとする立場からの批判を受ける。ここには「金持ち」の人間とそうでない人間との対立がある。

［あさは］大事な話があると、坑道前に納屋頭や坑夫たちを集め、報奨金や物品販売所など新しい決まり事についいて提案した。

「皆さんのための新しい制度だす。みんなが平等にええ思いして、この炭坑で働くことに、この先の生き方に夢を持ってほしいのだす。納屋頭はんの仕事かてのうなるわけやあらしまへん。皆さんにはこれからも現場を仕切ってもろて、その手当も十分に払お思てます。どうかわかっとくなはれ」

［…］

［サトシ］「みんな、だまされたらあかんで！　世の中、銭や。銭を持ってるもんが強いんや。こいつらは／わしら弱いもん少ない銭で働かして、ぼろもうけしよう思てんのや！　なんが平等か！　お前んだち金持ちの理屈を勝手に持ち込まれてたまるか！」

［…］

「なんでだす？　ほんまに今のままでえのだすか。なんで勇気出して今を変えようとしはれへんのだす？　うちはみんなに、その日暮らしやのうて、夢持って働いてもらいたいて……」

「夢なんかいらん。そんなん金持ちの見るもんちゃ」

サトシが冷やかに言い放ち、背を向けて立ち去った。そのあとを、坑夫たちが追従していく。

あさはがっくりと肩を落とした。

（「夢」っちいうのは将来を考える余裕のある人が持つもんですと）

カズが言ったように、坑夫たちが夢を持って働く日は来ないのだろうか。

（ノベライズ　上214-15）

では、あさの側から後者の立場にどのように対応するのか、その場合あさの「平等」の捉え方がどのような意味をこの立場にとってもっているのかが問われるであろう。炭坑に見られるのは、「人」についての現実の不平等という点ではあさの経験してきた「学問」における男女差別と同じである。この不平等に対して、あさは福沢の立場に学び、「人」という理念を対置した。しかし、理念を対置することでは対応できないほどの現実の重みであり、「人」という理念はその重みに耐えるまでに鍛えられていないということであろう。このことはその後の歴史に委ねられざるを得ないことである。ただし、当時の社会における到達点を無視することも許されない。つまり、この時点での「人」という理念のいわば水準が現実化されるように、この理念に基づいてできることはなされなければならない。あさの提案は、そのかぎりで「人」という理念のいわば最低限の水準を示したものであろう。

あさにとって、この改革は理論的には現実への彼女なりの「学問」の適用として捉えられるであろう。つまり、この内容が実現されるならば、彼女の「学問」の欲求が満足させられるであろう。しかし、現実はそのように「学問」の欲求が満足させられるようにはできていない。というのも、現実にはドラマが示すような立場の違いがあるからである。あるいはこの立場の違いについて対象にすることも「学問」の課題になるであろう。つまり「夢」をもつことを許さないような現実があるということが「人」の立場からどのように捉えられるのか、そのことを問うこと自体が「学問」の一つの対象として残されるであろう。

あさは、炭坑に行ってはじめてこの現実を知る。はつがあさに向かって「こない立派な女商人になるてなあ」と言うのに対して、あさは「うちはちょっとも立派やあれへん。炭坑ではな、うちらがお琴習い始めたのと同じくらいのほん小ちゃい子供らまで、くず炭拾て、小銭稼いで生きてますのや」、

「うち、この日で見るまでそないなことひとつも知らんかった。お姉ちゃんはとっくに気ぃ付いてはったかもわからへんけど……うちら姉妹は、ほんま恵まれてましたんやなぁ」（第10週第59回、シナリオ63）と返す。ここからあさにとっても「学問」の一つの対象が生まれることもありえよう。しかし、ドラマではそのような道をとるゆとりはなかったようである。

このような現実との関係をどのようにつくっていくのかという課題において、あさにとっての最大の試練とも言うべき炭坑事故が起こってしまう。「人」の平等という理念のもとでの改革を進めるべき報奨制度が関わっていたとされた。

サトシは今回の落盤を、あさが考えた報奨制度が原因で招いた事故だと決めつけた。そのせいで坑夫たちが競い合って石炭を掘るようになったからだ、と加野屋の責任を厳しく追及した。
（ノベライズ　上272）

警察の見解は、より多くの褒賞を得ようとした坑夫たちの欲望が落盤事故につながったというもので、サトシがあさの責任を追及したのとまさに同じだった。
（ノベライズ　上275）

「人」の平等に向けての改革が結果として落盤事故につながったとされたわけである。「人」というものへの認識の在り方として、あさにとっては形を変えた「学問」をしたことになろう。新次郎の言葉では「神様がくれはった試練」である。ここにあさのモットー「九転び十起き」が生まれる。あさはこれを娘の千代に言う。

この夜、新次郎からいたわりの言葉をかけられ、あさはこらえていた涙が止まらなくなった。

「やっと……やっとちょっとずつうまいことといくようなってきたて思てたのに……」

「あさ……負けたことあれへん人生やなんて、面白いことあらしまへんで。勝ってばっかりいてたら人の心がわからへんようになります。こら神様がくれはった試練だす。七転び八起きて言いますやろ」

あさが指を折って数えると、転んだのは明治維新の混乱と、今回の事故と、あとはつわりの三つだけだ。あさは寝ている千代を眺めた。この子を守ろうという新たな意欲が湧いてくる。

「千代……お母ちゃんはな、お父ちゃんの言わはったみたいに七転び八起きの気持ちで……いい／や、九転び十起き思て負けしまへんで」

あさらしい発言が飛び出したと、新次郎がその肩を抱き寄せながら笑った。

（ノベライズ　上276 - 277）

この事故の原因の把握が正しいかどうかというよりも、あさには経営者としての責任をとる他はない。事故の後始末のため膨大な資金が求められ、加野屋の経営方針として銀行の設立も大幅に延期せざるを得なくなる。

落盤事故はサトシの指示で起こされた爆発によるものと分かった。新次郎が子どもの頃松造といったサトシは、加野屋の番頭であった父親を暖簾分けの後助けが必要なときに助けなかったとして「人でなし」と加野屋正吉に恨みをもっていた。そして新次郎は松造を助けられなかったことに負い目を感じていた。ここで「人でなし」と言われることを介して「人」とは何かが問われている。

新次郎は子どもの頃に力になれなかった負い目を感じ、少しでもサトシの助けになるならと懐から財布を取り出した。

「いいや。旦那様。それは、あきまへん」

あさが新次郎の手を押さえ、正面からサトシと向き合った。

「なんぼ何かを恨んだとしても、憎んだとしても……事故を起こすこと、それだけはしたらあかんかったんと違いますのか？　落盤事故がどないに危険か、そんなんうちよりもサトシさんのほうがようわかったはるはずだす」

爆発により、多くの犠牲者が出てもおかしくなかった。取り返しのつかない行動に走り、治郎作の信頼を裏切った。サトシを慕っていた坑夫たちは働き口を失って途方に暮れているというのに、当のサトシは逃げ出したなど言語道断だ。あさは一瞬ためらったが、心を鬼にした。

「罪……つぐのうとくなはれ」

「あさ、やめてくれ」

新次郎が悲痛な面持ちになったが、あさは聞き入れようとしない。／

「すんまへん、旦那様。そやけど……うちはもうお家や炭坑のみんなを守らなあかん立場なんだす。偽善者ではあかん。優しいことだけ言うてるわけにはいかへんのだす」

サトシが笑った。

「あんたも、やっぱり……人でなしやな。いや、それでええんや。加野屋の旦那さんと同じや」

暖簾分けするとき、正吉とサトシの父親との間で、しきたりどおり金の貸し借りはしないという約束ができていた。それでも、サトシは両親が苦しむ姿を見るに見かねて、新次郎の優しさにつけ入って無理を通そうとした。あれから二十五年がたち、今また新次郎は、落盤事故を起こした張本人に情けをかけようとしている。

「人良すぎて腹たつわ。わいはこの女大嫌いやけどな、ほんでも今はこっちゃが道理やてわかる」

サトシの亡父も、優しくて人が良かった。それが弱さでもあり、店を潰す原因にもなったと、サトシは面白くもないのに笑ってみせたりする。

あさに、サトシの苦悩が伝わってくる。

「……火薬に火つけんのを、坑夫さんたちのいてへんときにしたんは、サトシさんのせめてもの優しさだすな？　ほんまは怪我人だけは出したないて、そない思てはりましたんやろ。親分さんが、様子がけったいや思て穴の中に入ってしまいはるやなんて思てもみんと……」

（ノベライズ　上 292 - 293）

あさの問いが一人ひとりの「人」の在り方へと向けられる。「人でなし」と言われようと、なすべきことはなさなければならない。「優しさ」だけではだめであり、約束したことは守るということ、責任はしっかりとるということ、それがサトシにも「道理」とされている（サトシは何日かして、正吉に会って謝罪したのち、警察へと出頭する）。

あさの思いは新次郎に伝わったようである。商家にとって「お家を守る」ことの意味について新次郎は父親正吉に語る。

［…］新次郎は、正吉の部屋に顔をだし、サトシが警察に出頭した旨を報告した。

「わて、お父ちゃん、ただのシブチン［（映像では）ケチ］や思てましたわ」

新次郎は軽くふざけると、すぐに真顔になった。

「せやけど今やったらわかります。お家を守るというのは、そないなつらい決断の積み重ねなんやて。それが責任ある者の定めなんやて」

正吉がうなずいた。

「……お商売してたらな、必ずどないしようもないときいうのがありますのや。それをすぐ人に頼ったら、どうせまたあかんようになる」

「へぇ。しんどいときこそ、人に頼らず、自分の足で乗り越えていかなあかん。わてはあさから、そのことを学びましたんや」

「あさちゃんが嫁に来たのも、松造にまた会えたのも縁だす」

新次郎の関心が少しでも商売に向いたのを、正吉はうれしく思っていた。

（ノベライズ　上296）

6　商売と「学問」

ここには商売を通じて、「人」と「人」とが平等であること、「人」が「人」であることが形成されてきたことが描かれている。あさにとってはそれは「お家を守る」ことである。さらにあさにとって、それは同時に「学問」することであったと思われる。（このことからもあさの教育への関心を理解することができるであろう。）

あさが「お家を守る」（ノベライズ　上46からの引用参照）ためになしたことは、業種の違いを越えて家業を実践することである。それは、「商売」という商人にとって本業としてごく当たり前に求められることの実践である。そのときには、それがあさの場合の「人」としての内容であろう。あさはこのようにして日常的に「人」として期待されることを実践してきたわけである。しかし、それは「男」によって行われてきたことである。

母親梨江もあさに「学問」の必要も「商売」のことを知る必要もないと教えたことについて反省する。その際、はつの「家」の事情と対比させる。そして「おなごのしなやかさ」を忘れるなと忠告をする。

あさは加野屋に嫁いで何年もたつのに、いまだ子宝に恵まれないばかりか、炭坑などという男勝りの仕事で留守が多い。離縁されてもいたしかたない。梨江は座敷であさと向かい合ってそんな小言を口にしつつ、あさが選んだ道も女の一つの生き方には違いないと思い始めていた。／あさが小さかった頃、梨江は、女に学問は必要なく、商売のことを知る必要もないと教えた。

「そやけど、あのうちの考えは……間違《まちご》うてたのかもしれへん。その証拠に、はつのお家はあないになってしもたいうのに、お商売に首突っ込んだあんたは、こうして今もお家を守ってる」

あさが膝を打つかと思いきや、意外にも、自分も間違ったのではないかと憂い顔をした。

「そうかて、なんぼお家のためにて気張っても……殿方はなんやかんや言うて、家にいてるおなごが好きなんだすやろ？」

梨江が噴き出した。今さら、あさから、小娘のような悩みを聞くとは思わなかった。

「いやや。笑わんといてくれやす。おなごとしての自信があれへんのだす」

「自信持ちなさい。これからのおなごは、あんたのように生きたほうがええのかもしれへんえ」

胸を張って、堂々と生きなさいとあさを力づけると、梨江は一つだけ忠告した。

「おなごのしなやかさを忘れたらあきませんえ」

（ノベライズ　上194 - 195）

このとき、あさは梨江から或ることを託された。和歌山にある今井家の土地の証文をはつに手渡すことである。以前に今井家からの借金を断られたはつは、証文の受け取りを断る。ここであさの商売人としての気転がはつと梨江との関係の回復に役立つ。そしてこれがはつの一家の大きな転機になる。

「お母はん、これは受け取られしまへん」

はつが、たった今、あさから渡された証文を梨江に突き返した。

「家を失《うしの》うたのは、山王寺屋が自ら招いた災いだす。潰れてお家がのうなってしもても、山王寺屋はもう意地でも今井屋さんから施しを受けるわけにはいかへんのだす」／

「施しやなんて、そんなつもりや……」

はつの肩肘張った態度に、梨江はたじろいだ。それでも、親は子がいくつになっても何か力になりたい。ましてや、はつは、少女の頃から弱音を吐かずに我慢してきた子だ。

そのとき、あさの頭にピカッとひらめくものがあった。

「あ……バンクや。……お姉ちゃん、お父はんがつくりはる銀行いうのはな、志のある人のためにお金を貸してくれはるとこなんだす。今、お姉ちゃんと惣兵衛さんは、お子たちも増えて精いっぱいお仕事を頑張ってはる。その志のあるお姉ちゃんたちを信用して、応援して、助けてくれる。それが銀行いうもんなんだす」

あさは説明しつつ、梨江から証文を受け取り、はつの手に押しつけた。

「せやから、これはもらうんやあれへん。貸してもろたらええんだす。ほんでこれ貸してもろた分、お姉ちゃんたちがその信用に応えて頑張って、そないしていつか何倍にでもして返したらよろしいのや」

「そんなことできるわけ……」

「いえ、そうしなさい」

梨江は、有無を言わさぬ口調になった。

「あんたらはまだ若い。これからいくらかて地に足をつけて新しい人生歩むことができるんえ。うちもお父さんもな、あんたにこれ貸して、あんたら親子が、これからどう生きるか、見届けたいんや。お願いいえ、はつ。母の最後のお願いどす」

はつはしばし葛藤し、最後まで残っていた意地のかけらを捨てた。／

「……わかりました。それやったら遠慮のうお借りします。……おおきに。ほんまおおきに、お母はん」

はつは証文を手に取り、大事そうに胸に抱いた。


（ノベライズ　上196‐198）

ここでは、あさの手助けのもとにはつは証文のやりとり、つまり商売上の関係を受け容れることによって、「家」へのこだわりから解放される。このように、あさはあさなりに商売から学んだことを生かしている。そこにあさの商売と「学問」との関係が見出される。商売が「人」についての捉え方の変化を促すのである。
あさは実業活動において「男」「女」の平等を実際に示してきた。彼女はさらにこの点をめぐって、いわばその思想的な基盤を『学問のすゝめ』における「人」についての捉え方のうちに見出す。「人」

としての「女」の捉え方を「男」のそれと対比的に深めて、両者の関係のうちに社会の在り方を見るのである。

あさが弟忠嗣と待ち合わせで牛鍋屋に入ったとき、父親忠興も後から来たが、そこにたまたま福沢がいるという当時の東京の雰囲気がそのようであったかもしれないと思わせるシーンがある。

あさが福沢諭吉の著書について語りだし、福沢は自分の名前が聞こえて顔を上げた。

「『天は人の上に人をつくらず』いう言葉も感じ入りましたけど、うちがもっとびっくりぽんしたのは三年前に刊行された第八編だす。『そもそも世に生まれたる者は男も人なり女も人なり』いう、このひと言だす。おなごも男と同じ人だす。この世は男と女、両方によってつくられるべきものなんだす」

あさが本の趣旨をきちんと理解しているので、福沢は相槌《あいづち》を打ちながら立ち上がった。

「これからはおなごかて勉強して男の方と意見を交わし合ういうのは、あっておかしないことやて思います」

「そのとおり！　ザッツライト！　男女はまさにそもそも体のつくり以外は平等一様！」

福沢が大きな声で会話に参加した。勝手にあさの隣に座り、これまで日本の女性が強いられてきたのと同じ忍耐を、日本男子はやれと言われてできるかと、忠興と忠嗣だけでなく、何事かと興味を抱いて見ている店の客にも問いかけた。男性たちは皆一様に首を横に振っている。

次に福沢は、あさと向き合った。

「いかなる身分の人間であっても自由と独立が妨げられてはいけない。これが私の考えだ。婦人も同じです」／

「そやけど、おなごがそのように生きるいうのは、実際やってみると、たいそう難しいことのように思われます」

あさのように、理解ある親や夫に支えてもらえる恵まれた環境にいてもだ。

福沢はふんふんと話を聞き、よどみなく答える。

「家や夫に左右されぬ生き方をするためには、婦人も経済の自立を図るべきです。自らの財産を持ち、世間に対する責任を重く持たねばならない」

あさは「責任」の二文字が、ずしりと胸に響くのを感じながら聞いている。

「独立自尊。そのために学ぶのです。学んで稼いであんたはいつか、社長を目指しなさい」

［…］

この八年後、新しい時代の女性のあり方を提案する『日本婦人論』を刊行することになる。

（ノベライズ　下15-16）（文献資料6）

忠興は、娘あさのうちに「一人の商売人」（ドラマガイド2：69）を見ている。

あさと忠興たちは、これからの日本の産業についていろいろと話し合った。京都の両替屋だった今井家は、政府の勧めで東京に進出し今井銀行を開業したが、経営はなかなか難しいという。

「まだ、日本に遊んでいるお金を銀行に預け、そのお金を銀行が必要としている人に貸すという考えが根づいてないのや」

「そうだすか……そやけど、きっともうじきだす。今井のお金を金《きん》に変える人たちが出てくるのも、きっとそう遠い話やあらしまへん。お互い辛抱の時だすな」

「何を生意気な！」／

忠興は怒ったように言ったが、実は感心している。

あさは友厚と東京を歩き回り、得難いものをたくさん見て、日本の文明が今まさに花開こうとしているのを肌で感じ取った。それはとりもなおさず、いずれは加野屋も両替屋から銀行に変わらなくてはならないという思いに結びついていた。

忠興は店を出ると、独り言のように傍らの忠嗣に語りかけた。

「認めざるを得んようや。男や女やいうことやなく、あいつはもう一人の商売人なんや」

（ノベライズ　下16-17）

あさにとって商売との関係は、子どもの頃からの「ぱちぱちはん」つまりそろばんとの付き合いから始まった。この商売との関係が父親に認められるまでになっているということであろう。ここには実業界においてそこでの活動そのものに結びついている独自の人間理解があると言えよう。そこでは、人間は「商売人」としての商売上の実力だけが問われるわけである。

父親から見てあさが「一人の商売人」であると認めるところには、商売という行為そのものがすでに「男」対「女」という枠組みを超えているということを示している。

あさの側からは、「男」対「女」という枠組みそのものをいわば実力で乗り越えさせたものとしてそろばんの実力がある。それは女性行員を採用する際に大きな実績として新次郎からも認められる。それは趣味であることを超えて実業家としての人生を歩むあさにとって本業の基礎をなすものである。これは確かにあさの個人的能力による部分も大きいものがあろう。しかし、商売に従事するかぎり、ドラマの時代にはそろばんは不可欠のものである。しかもたとえ期待されるほど上達することができないとしても、それはほとんど誰にでもその人なりに近づくことは可能であろう。したがってそろばんの能力が問われこそすれ、そこには男女の違いはない。そもそもそろばんに触れる機会について言えば、時代によってドラマの時代の場合のように男女の違いがあるのかもしれない。そのような時代による違いという条件を除くならば、そこにはそろばんを使う人間が男か女かというようなことは意識もされないであろう。そこに違いがあるとすれば、それは一人ひとりの人間がそろばんを上手に使いこなせるかどうかだけである。そこに男女共通の基準があるという認識が全員に共通了解されている。このように、そろばんは両替屋という家業から見てあさにとって彼女なりの「学問」の追求に本質的な役割を果たしたと思われる。

しかし、あさは本格的に商業を勉強したかった。それゆえ、五代の肝入りの商業学校に期待した。だが、そこでも男女の差別にぶつかる。


「女子大学創設までの道のり」②――「変わらぬ学問への意欲」「五代が開校した大阪商業講習所を

見て、「うちも若いころこないなとこで学ぶことができたら」と、羨むあさ。しかし、そこも男子のみに開かれた場所だった。」（第15週、明治14（1881）年）（メモリアルブック100参照）

友厚が仲間たちと開校した大阪商業講習所は、大阪のさまざまな会社の経営陣となる人材を養成するための商業学校だ。

あさは銀行設立に向け、独自に経済や商業の勉強を重ねていたが、思い切って大阪商業講習所に行ってみた。三坂［五代の部下］に案内されて教室をのぞくと、若者たちが実地演習の授業を受けている。あさは真剣にメモを取りながら演習を見学した。これからの若者はこうした勉強の場があってうらやましいが、女性が一人もいないのは納得がいかない。三坂の説明だと、男女が共にいると風紀が乱れるというが、そのような考え方は、あさには「アホらしい」としか思えなかった。

（ノベライズ　下50）

7　銀行業

7-1　渋沢栄一から学ぶ

炭坑事故からの立ち直りに時間をかけざるを得なかったので時期が大幅に遅れた銀行開業にあたって、あさは新次郎とともにそのための助言を得ようとして渋沢栄一の話を聴く。銀行の本質について「信用」のうちに見る渋沢の教えを両替屋の経験を踏まえて理解し、そして人材育成の重要性について渋沢から学ぶ。


「それでは早速、銀行の話ですが……。あなた方二人に問題です。第一問。銀行を経営する者が、いちばん欲しくて、いちばん大切なものは何だと思いますか」

「……それは、やっぱり、お金だすやろか」

「違いますな。本当はお金は要らないのですよ」

「なんでだす？　お金は要らんて、そないなはず……」／

あさが戸惑っているうちに、渋沢は次の質問に移った。

「それでは第二問です。両替屋にはなくて、銀行にはある仕組みは何だと思いますか」

「あ、それやったらわかります。預金いうお客さんのお金預かる仕組みだす」

「そうです。ご名答です」

渋沢がまた、あさをじっと見た。

そのとき、あさの脳裏に亡き正吉の言葉がよみがえった。

(両替屋というのは信用が第一。お金という大切なもの扱《あつこ》うてますのやさかいなぁ)

雁助もまた、加野屋に嫁入りしたばかりで右も左もわからなかったあさに、大事なことを教えてくれた。

（両替屋は信用をお金に換えますのや）

「……あ。うち、わかってしまいました。お金より何より大切なものが。信用、だすな」

「ご名答です。銀行にとって最も必要なのは、信用がおけるかどうか、信用される存在になれるかどうかなんです。お客が大事なお金を預けるには、少しの不安があってもならないのです。信用さえあれば、あとは自然に人がお金を運んできます」

「そない言うたら、そのとおりだすな。銀行を経営するには、まずうちが信用つけなあきまへんのや。真面目に商いして、自分の器を大きゅうして……」

「そう。そういうことになりましょう。お金は不思議なもので扱う人の器の大きさに従って動く。……それでは最後の問題です。私や五代さんが大きな見地から国益を考え、常々いちばんやらねばならぬと思っていたことは何だと思いますか」／

「これまたさっぱりわからしまへん」

「答えは人間をつくること。つまり教育です」

「なるほど！　それもほんまそのとおりだすな。学ぶことができたら、正しい知識を持って日本のため、大事な誰かのために働くことができます。これほど大事なことはあらしまへん」

「そうです。商いと教育、どちらも大いに頭を悩ますべき大切な問題なのですよ」

新次郎もまた、独特の観点から、渋沢の教えで腑に落ちたことがある。

「わて、お金や商いいうものが、初めて人間味のあるもんに思えてきましたわ」

二人に手応えを感じ、渋沢はにっこりと笑った。
（ノベライズ　下103 - 105）（文献資料7）

「信用」を介しての人間と人間との関係が銀行業のうちに見出されている。それらの人間同士は相互に信用し合う。そのかぎり、一人ひとりが平等である。新次郎が感じたものもそのような人間同士の関係において生じる「人間味」であろう。

7-2　女性行員の採用

あさは女性行員の採用を提案し、男たちの反対を一つ一つ乗り越える。その際あさの立場は採用される女性たちをそれぞれ「一人の人間として」捉えることである。あさは、境遇に恵まれたとはいえ、自分から道を切り開いてきたいわば特殊な例である。それに対してここでは誰にとっても応募することのできる点で、普遍性をもっている。つまり、女性が銀行で働くことについて理解を得ることは、実業界の様々な分野のなかでも困難な分野であるかもしれない。あさの提案は、そのような分野であるからこそ女性が社会に出て働くことの意味を明らかにしたと言えよう。その際、「人間」という規定が思想的な根拠になっている。

女性行員の採用を思いついたあさは、その日のうちに、新次郎、榮三郎、平十郎に集まってもらって役員会議にかけた。

「しばらくは行員の補助として働いてもろて、いずれは正式に女子行員にしたい思てます」／「そらあきまへん」

なぜか、新次郎、榮三郎、平十郎の三人の声がそろった。

あさは心外に思い、まずは平十郎が反対する理由を聞いた。

「おなごは銀行で扱うような大金に触れてはあかんのです」

「なんでだす？　なんで男やったらようて、おなごが大金を扱《あつこ》うたらあかんのだす？」

「そ、それは……ま、言うたら、おなごは数字には弱いもんですから……」

「それはおなごが今まで、男はんみたいに実学を十分まともに学ぶ機会がなかったさかいだす」

読み書き、そろばんを習い、商いの実務を教われば、女性だからといって男性に劣るものはないと主張し、平十郎の反対を退けた。あさは、次に、榮三郎の考えを求めた。

「今までどないな両替屋も銀行も、おなごが働いてたいうことはいっぺんもあらしまへん。それは世間がおなごが店に入ることを求めてへんさかいだす。それを加野銀行が急に雇うやなんてことになったら、せっかく今までに得たお客さんからの信用を失いかねまへん」

さすが頭取だけあって、榮三郎の意見は理路整然としている。

「頭取の考えはわかります。せやけど、今までありえへんかったことやさかい余計、もし成功したら、先手打った加野屋は、必ずほかの銀行を大きゅう引き離すことができます」

あさは学科、接客、やる気など採用基準を厳しくし、選考に残った女性には教養、実務、加野屋の伝統から商業簿記まで、あさが自ら教え込もうという意欲を持っている。

「男とかおなごとかいう隔てのう、一人の人間としてその子の力を生かしたげたいんです」

ある意味、賭けであることも十分わきまえていて、当面は給金もあさ自身が負担する。／

「この試みの責任は一切うちが負いますさかい、どうか、どうかやらしとくなはれ！」

あさが腹をくくっているので榮三郎は何も言えなくなり、新次郎にたすきを渡すことにした。

「お兄ちゃんはどないだすのや？」

「はぁ……わてはなぁ……うん……。銀行の表におなごはんが出て、よからぬ客に、おいどでも触られたらどないするつもりやてなぁ」

榮三郎と平十郎が冷たい目になり、気まずい雰囲気になったが、あさが助け舟を出した。

「おなごの働き手の大事なおいどは……うちが見張って、必ず守ってみせます」

「それやったらよろし。おなごはんがいてくれたほうが、店も華やぎますやろしなぁ」

新次郎は手のひらを返し、あきれている榮三郎と平十郎に大事な点を指摘した。

「このあさも一応おなごだす。このおなごはんは昔っから店の内側でよう働いて、大金かてぎょうさん扱《あつこ》うてますけど、いっぺんも計算の間違いなんかしたことあらしまへんのやで」

新次郎は女性行員採用の案を丸く収めてしまった。

（ノベライズ　下122 - 124）


ここにはあさのそろばんの実力によるいわば実力主義が女性行員を承認せざるを得なくさせることが示されている。

7-3　人材育成のための教育

信用のある人材を育成するための教育があさの関心になる。教育へのあさの関心は、彼女自身の専門分野である実業において、渋沢による示唆もあり、まず銀行業において追求された。あさは銀行員のための教場を提案してつくり出す。それを銀行業に詳しい支配人平十郎の教師としての働きの場とする。自分もその教場に出かけて他の行員たちとともに授業から学ぶ。

［…］加野銀行では、あさの念願だった従業員が知識と道徳を学ぶことのできる教場・花木《かぼく》寮が完成した。加野銀行の支配人となった平十郎が、多くの手代や丁稚に商いを教えている。あさも時間が許すかぎり教室に通い、真剣に講義に聞き入った。

（ノベライズ　下 112）

あさの場合、この関心の追求は決して他人事ではない。大事なことは、あさにとって当の追求が自分自身をもその対象のうちに含むものであるということである。まさに自分自身をも対象のうちに数え入れていることのうちに、彼女にとって「学問」の欲求が切実であるということが示されている。

あさは、行員候補として見習い採用した四人の女性たちを一人前の行員に育てるために、そのための時間を確保する。

あさは彼女たちに、男性と一緒に働くことについて訓示をした。小さい失敗一つで、鬼の首を／取ったように「これやさかいおなごはあかんのや」と言われてしまうのが現実だ。

「失敗は一つもしたらあきまへん。おなごが男と同じように働けるいうとこ見せるには、男の何倍もの努力が必要やいうことだす」

当分の間、四人の女性は男性行員より一時間早く出勤し、あさの指導で実務に即したそろばんの訓練などに励まなければならない。

（ノベライズ　下 124 - 125）

8　あさと「学問」の欲求

あさの「学問」の欲求は形を変え、実業活動を支えるものになった。しかし、この欲求はもともと実業活動におけるものという次元に止まるものではない。そこには、そのような特定の実業活動のもとでの形を変えた「学問」の欲求という次元を超えて、「学問」そのものの欲求が現れているのである。すなわち、それは、「学問」そのものにおいて主体が自分の存在を証明しようとする欲求である。

一般に「学問」の欲求は、人間の根源的な欲求の一つであろう。しかもこの欲求は、一人ひとりの人間にとって特別の意味をもつ可能性がある。その意味は、一人ひとりの人間にとってそれぞれ独自ろう。

のものであると思われる。そして或る人間が「学問」のうちに自分の存在理由を見出す場合もあるだろう。

あさはそのような人間のひとりであろう。そしてあさの場合、その形を実業活動という範囲でいろいろ変えている。炭坑・銀行・生命保険などの実業活動は「商い」という点で共通性があるものの、もともとの「学問」の形とは大きく異なっているように見える。それゆえにそれぞれの活動のうちに「学問」を、したがって自分の存在理由を見出しているとするのは困難であるようにも思われる。しかし、あさは自分が求めたときのみならず、やむを得ず与えられた条件のときにも活動を自分の好きな活動（「商いが好き」）と捉える。一般的に言えば、そこでは自分が自分であることをどこまでも求めるのである。

あさとは異なって他の人間が必ずしも「学問」を自分の存在理由とは捉えない場合というのはよく見られることであり、その方が多数であるかもしれない。いずれにせよ、「学問」というものを同じ意味で捉えないにせよ、誰にとってもその人間なりの根源的な欲求というものがあり、そしてそれにおいて、一人ひとりの人間は自分が自分であることを示すのであろう。

前者の人間の場合、「学問」の欲求は自分と世界との関係の在り方について把握しようとするものである。その人間は、それゆえすでに現存しているこの関係そのものを捉え直し、そして作り直す。つまり「学問」において、この人間はこの関係を作っている現存のいろいろな欲求を組み換えて新たな形に統合する。そこから自分と世界とを関係させるその仕方が新たな形で産み出されるのであろう。あさたとえば、あさにとっては、「学問」の欲求はもともとの「好奇心」があってのことであろう。

は少女時代からいつも「なんでどす」という問いを発してきた。男子に許されることで女子には許されないことがあるということに対してなされる問いである。その問いにはたんなる「好奇心」というよりは自分の在り方への問いの切実さがある。これに対する答えは「そういうもん」というものであって、慣習にしたがうことを求めるものであった（ノベライズ　上10参照）が。「嫁」になってからは、あさの「学問」の欲求は実家の両親に教えられた「お家を守る」という目的の方向のうちにある。それゆえに、この方向での「学問」は彼女とってますますそれの正当性を確信させたであろう。

後者の人間の場合には、根源的な欲求は少なくとも自覚的には別の方向に向かうのであろう。たとえば姉のはつにとっての「賢母良妻」の方向のようにである。はつの場合、その「境遇」（文献資料9参照）はどこまでも厳しさに覆われている。しかし、それにもかかわらず、はつはこの境遇に耐え、さらにこの境遇における自分の人生を肯定する。そのとき、その人生は「学問」とは無縁のものとされはするものの、目の前の問題への取り組みはあさの場合の「学問」の切実さに劣るものではない。むしろ義母からの仕打ちにも耐えて、昔の「お家」にこだわる義母を説得し、最後は義母を看取る。そして夫をどこまでも支え、ふたりの息子を育てて、「お家」に新しい形を与える。（これに対して、あさは「賢母良妻」についても反対するわけではない。そうではなく、彼女のとる方向はむしろどのようにして「賢母良妻」になることができるのかを問い、そのためには「学問」が不可欠であるとするのである。）

事柄から言えば、人間としての根源的な欲求を担う主体は一人ひとりの人間である。そこではその人間が「男子」であるか「女子」であるかという区別は問題ではありえない。この区別はその時代・

社会の条件が作り出すものにすぎない。幕末の時代・社会の条件のもとでは、「男子」だけがその主体として想定されていた。このことが一つの逆説的な事態を生じさせる。すなわち、そのような条件のもとで差別されていた「女子」は、そのように差別されているがゆえに、そのような条件のうちに潜在している「人間」を代表するものになるという事態である。こうして、「女子」の「学問」の欲求は「学問」の新しい形を求めることによって「人間」の新しい在り方を示す。そしてそこには新しい在り方をする人間相互の関係、すなわち主体としての人間の相互のつながりを産み出すであろう。その欲求は誰かを出発点にして、だんだんと伝播していく。ドラマの場合は、あさがその出発点である。

9 「人」の規定

人間の根源的な欲求は人類の成立以来の歴史を背負っている。その歴史において「人」（あるいは「人間」）の規定はこれまで変化してきたし、これからも変化するであろう。しかし、変化を通じて蓄積された欲求は「人」の規定の内容をなすと思われる。どのような時代・社会においても、すべての人間にとって、それまでの歴史において「人」として規定されてきたものの内容は前提される。すなわち、誰にとってもその規定を代表する可能性はいわば潜在的に与えられているであろう。

しかし、実際に歴史において生じたことは、この可能性が何らかの区別においてその範囲が限定されるということである。すなわち、何らかの事柄をめぐって或る人間たちにはそれが社会的に承認されるのに対して、他の人間たちにはそれが社会的に承認されずに制限されているという事態である。そのような事態のもとでは、人類の歴史全体が或る一定の区別のもとに従属させられることになる。そうだとするならば、その時点での潜在的に与えられた「人」の可能性は全体としては失われ、部分的なものでしかなくなるのである。ここに或る事柄をめぐる社会的な承認をめぐって承認されている者と承認されていない者との差別が生じている。

「学問」における男女の差別は、その典型的な一つの差別である。すなわち、「男子」には許されるもの・与えられるものが「女子」には許されず与えられないならば、それはまさに男女差別になる。人類が全体としてもっているものは、現実化されることなく潜在的に存在するにすぎないものに止まることになる。このように、誰でも潜在的にはもっているものが「男子」にのみ許されたり与えられたりすることによって、人類が形成してきた潜在的可能性は切り縮められ、部分的なものにすぎなくなってしまうのである。

その潜在的可能性へのあさの関心は商いに向けられる。あさは自分について働くことが好き、商いが好き（ノベライズ　下64参照）だと自覚する。

炭坑で働くようになり、初めて外で働くことの厳しさに気がついた。
「外で働くいうのは、女やいうてバカにされてもへこたれへんだけやのうて、こっちも決して女やいうことに甘えたらあきまへんのや」

甘えを捨てたとき、あさは雲が晴れるように自分の本心が見えてきたのだ。

「うち、働くことが好きなんだす。商いが好きなんだす。この茨《いばら》の道を女の足で突き進むしかあれへんのや！　全部……お義父様のおかげだすなぁ」

正吉はあさを信じて、新しい仕事を任せてくれただけではない。進むべきときと、慎重を期するときを見極めて舵《かじ》取りをしてくれたからこそ、あさは大船に乗った気持ちで仕事に打ち込めた。

「千代、けったいなお母ちゃんでかんにんな。けどうち、決して負けへん。頑張りまっせ」

あさはすがすがしい顔で、千代に微笑んだ。

（ノベライズ　上300）


あさはこのようにまだ一歳だった娘千代に語る。しかし、商いと子育てとは両立の難しい関係にある。

あさの商才は、あさ個人の才能である。それもまた人間一般の次元において見るならば、「人」の可能性の一つの発揮の仕方であろう。しかし、子育ては個々人の事情があるとはいえ、「人」であることにとって本質的であることは言うまでもない。では、これら二つの事柄はどのように両立させられるのかが問題である。あさの場合には、母親であることと自分の商才を発揮することとを両立させることが具体的にはなかなか困難であるということであろう。

生まれつきの性格の違いが各々の個人のそれぞれの方向を規定しているのであろう。あさの性格は、姉はつの性格との対比で「女の子」として期待されているものとは大分違っていたとされている。

千代は、はつに近い性格の持ち主とされている（ドラマガイド2：76参照）。はつについては、「人」としてのあさとは別の生き方をする女性の典型として描かれているのであろう。千代の場合は、あさともっとも近いところに生きている実の娘があさとは正反対の生き方をするという点に、その独自性があろう。しかし、独自性のことは別としても、千代も「人」としてあさと向き合う。つまり、あさと「人」としての共通の基盤に立っている。たとえば、七夕の短冊に母親と一緒の時間をもって「おかあちゃんといっぱい遊べますように」（ドラマガイド2：74、ノベライズ　下68）と願う。この願いは子どもの願いではあるが、「人」としてきわめて当然の願いであろう。自分の仕事のせいで、娘千代との時間は削られてしまうあさもこの願いに対しては自分がそれに応えることができていないと胸を痛めるのである。あさにも言うまでもなく「人」としてこのような要素がないわけではないということを意味するであろう。

あさは千代の将来についての新次郎に問われる。

「女子大学創設までの道のり」③——「女性でも将来進む道をより多くの選択肢から選べるようにと、娘・千代に高等女学校への進学を勧める。」（第18週、明治24（1891）年）（メモリアルブック100参照）

「……なぁ、あさ。あさは、千代にこれからどないなってほしい思てますのや？」

「へぇ……うちは……やっぱりいつかは、ここで一緒に働いてくれたらて思てます」

ただ、あくまで親の希望であり、藍之助も言っていたが、自分の道は自分で選んだほうがいい。

あさ自身、少女時代には、学ぶことで自分の道を選びたいと願っていた。

「うちは、そのためにも女学校に行ってほしい思てますのやけどな」

知識こそ千代が進路を決めるときの「テケツ」になると、あさが一つの象徴のように鉄道の切符を取り出した。いつからか、あさはテケツのコレクションを趣味にしている。

自分の道といえば、あさは田窪「高等小学校での千代の担任教師」に「進路」という言葉を聞いてから、港に停泊しているたくさ／んの船が大海に向かってそれぞれの航路を進んでいく光景を思い浮かべている。船は女性たちだ。あさが若い頃は、嫁になるか芸で身を立てるかなど進む航路が限られていた。ところが近年では、音楽学校に進めば演奏家に、師範学校で学べば教師に、医術試験に受かれば医師にと、挑戦してみる気にさえなれば数え切れないほどの航路、つまり可能性が広がっている。

「なんて夢のあることだすやろ！」

あさは物語の主人公にでもなった気分で高揚してきたが、ふと現実に戻って、肝心な千代の将来に話を戻した。

「高等小学校を出ただけでも、十分にテケツは持てます。せやけど将来のためによりぎょうさんの道に進むためのテケツを持つには……やっぱり高等女学校は出といたほうがええんだす」

「なるほど」

新次郎が応じたとき、途中から廊下で話を聞いていた千代が店に入ってきた。

「うちは、そないなテケツ要りまへん。女学校行く気も、お家の仕事を手伝う気もあれへんよって。うちのことやのに勝手に自分の夢膨らまして……もう勘弁してほしいわ」

千代はぷんぷんしながら行ってしまった。

（ノベライズ　下117－118）


あさはあさなりに千代の「学問」の道を考えたつもりだったのだろう。しかし、千代自身がどのような道を進むのかを決めることのうちに「高等女学校」もまた含まれていたはずであるのに、それを千代から取り上げてしまったわけである。「学問」の道を進むかどうかを含めて、一人ひとりが自分にとって納得できる道を進むことができるように、条件を整えることが親の務めなのであろう。

千代にとっては、そのような選択をするためには母親が一緒に考えてくれることが大事だったにちがいない。しかし、そのようなとき、母親は商売の方に心を向けているように感じられた。大きくなった千代はこれを次のように受け取る。母親にとっては娘の自分よりも商いの方が大事なのだ、と。


あさにとって仕事は生きがいでもあるが、千代は生きる張り合いでこそあれ足手まといのはずがない。どうしてそんなことを考えるのかと嘆くと、千代が「ギンコタンコ」だと言い返した。千代が物心ついたときから、銀行つくろう、炭坑増やそう、とあさが繰り返すのを聞いて育った。

「お母ちゃんの娘は白岡ギンコと白岡タンコや」

「はぁ、そうだすか。そらうちが悪いなぁ。かんにん。あはは。あたた……」

あさが思わず笑い出し、笑うと腹が痛い。／

千代はあきれながら、なんだか恥ずかしいようなくすぐったいような気持ちになっている。

（ノベライズ　下186 - 187）

ここでは母親に子どもの頃はさびしかったもののそれでも大きくなった娘も微妙に配慮しており、母娘はゆるやかに分かり合うようになってきている。（ここには母親が入院したという事情もあろう。後述参照）

PART IV

10　あさと女子高等教育

あさと成澤との出会い、それは加野銀行の女性行員たちの立ち居振る舞いへの成澤の感動から始まる。（成澤は支配人平十郎が考案した「閻魔紙《えんまがみ》」、つまり「仕事に差し障りのある要注意の客の名前を書き出したもの」（ノベライズ　下144）によれば「ふやけた若布《わかめ》の羽織の男」（ノベライズ　下145）ということになっている。）

「女子大学創設までの道のり」④――「成澤と運命の出会い」「女子も教育を受けることで生きがいを得るべきと、成澤の説に感動したあさ。ここから女子大学創設に向けて、あさは成澤とともに動きだす。」（第19週、明治27（1894）年）（メモリアルブック100参照）

「それでは早速ですが、まず白岡さん、あなたに尊敬の念を述べさせてください」

成澤はすっと立ち上がり、大げさな身振り手振りで語り始めた。アメリカ留学中に、大坂にある加野銀行が女子を雇ったという噂を耳にした。現金を扱う商いに女子を雇うというのは、従来の日本の考え方ではありえない。どうせ客寄せだろうと思ったが、帰国後、店を訪れてみた。

「そして驚いた！　彼女たちはきちんと銀行の一員として人格を持って働いているではないです

か。接客の礼儀作法のみならず、計算も的確にこなし、華やかで目立ちはするものの、決して目立ち過ぎることなく、各人の職務をこなしていました」

成澤は女性が知性や能力を生かして働く姿を見るのが好きで、何度も加野銀行に足を運んではサカエたちに心を躍らせた。そこで、彼女たちを教育したのは誰なのかと、行員に聞いてみた。

「すると驚くことにここでもご婦人の名前が出てきました。白岡あささん、それがあなたです」

（ノベライズ　下149）

そしてあさと成澤の著述との出会いは、日本の女子高等教育にとって歴史的な出会いであった。成澤は日本の女子高等教育の理想を現実の女子教育の歴史の上に位置づける。

何日かして、あさが商業会議所に出かけようとすると、成澤がまた訪ねてきた。あさは本当に急いでいて、挨拶だけすると足早に行こうとした。その背中に、成澤が声を投げた。

「女子の教育に関心はおありですか！」

あさが振り返ると、成澤は明治維新以降の日本の女子教育の変遷について、横浜へボン施療所での女子教育に始まり、京都では新英学校、女紅場《にょこうば》が開校され、明治八年には官立の女子師範学校が開校しているなど、順序立ててとうとうと述べた。／

「私は今、そのさらに上級の女子高等教育の理想に燃えとるのです。私は……日本で初の、女子の大学校をつくろうと思っとります。ぜひともあなたに、その設立にご賛同いただきたい」

あさがパッと笑顔になった。

「理想はすばらしい……。そやけどあなたにできることとは思われしまへん」

あさはすっと笑みを消し、きびすを返して歩いていく。

成澤は追いすがり、あさの前に回り込んで一冊の草稿を押しつけた。

「新しい女子教育に理解を示してくれる方は、日本広しと言えどもあなた以外にはありますまい。私の書いた教育論です。どうかご一読を」

あさがその草稿を手に取ると、表紙に『女子の教育に就《つい》て』と書かれていた。

（ノベライズ　下 151 - 152）


この成澤の著述を読み、感動をもって受け止めるあさの態度に現実の歴史と人間との関係における一つの大きな転換点が示されていた。この転換点において「理想」がたんなる「理想」から「現実」になる方向へと歴史の一歩が踏み出されたと言えよう。


夜、新次郎が帰宅すると、あさが本を読んでいて、その肩が震えている。

「かんにんだす。何べん読んでも涙が止まりまへんのや。この世にないすばらしいこと考えてくれてはったお方がいてはったやなんて……びっくりぽんや！」

あさは、成澤の草稿を手にしていた。

（ノベライズ　下 152）

では、どのような「理想」があさを感動させたのだろうか。それは、「人」であることをめぐっての新しい立場である。

あさを感動させた成澤の草稿『女子の教育に就て』には、女子を「人として」「婦人として」「国民として」教育することの必要性が説かれていた。女子も高等教育を受けることで生きがいを得て、さまざまな場で社会に役立つ人間になる可能性があること。女子も社会の一員であり、一芸一能を持ち、独立自活の力量を持つ必要があること。そして、明治維新以降の場当たり的に変わる教育方針を改め、女子の能力を研究し、生かす場を考え、大きな目で百年先、二百年先を見越して女子教育の方針を定めるべきという具体的な方針が示されていた。

（ノベライズ　下153）（文献資料8）（文献資料9）（文献資料10）

「人たること」（成瀬38）、「人たるの教育」（成瀬39）、「女子を人として教育する事」（成瀬46）（これらの言葉をドラマでの成澤の言葉として理解しておく）の中で捉えられた「人」概念によって規定されることは、あさおよびはつの実践において部分的にせよ行われてきたことである。

「日本女子大学校」の教育として重きが置かれるのは、特定の専門分野の教育ではなくて、「普通教育」であるという（文献資料9参照）。特定の専門分野の教育は、言うまでもなく一定の内容をもっているであろう。「普通教育」の対象も、確かに一定の内容をもつものとして現れるであろうが、しかしその目的に照らしてその内容は限定されてはいないものであろう。それは、むしろそれぞれの内容に通底するもの、あるいはそれらを関連付けるものであり、そのかぎりで、それぞれの特定の内容を超えたものであろう。そこで目指されるのは、特定の専門分野を超えたいわば「学問」そのものであろう。

成澤の言う「女子を人として教育する事」を実現するためには、まず「女子」の「人」としての根源的な欲求を承認することが不可欠であろう。そしてさらにそれを満足させるために主体としての人間を形成することが「教育」の内容として求められるであろう。それは、とりわけ「学問」の欲求およびその満足であろう。女子教育の必要性が主張された当時の時代・社会のもとでは「男子」に対しては当然のこととして「学問」が要求された。これに対して、「女子」には要求されないばかりか、むしろ禁じられたこともあったようである。

これは、「学問」の主体としての人間を「男子」だけに限ることによって、そのような限定された形にまで人間の根源的な欲求を切り縮めることである。この場合「男子」が「人」であることは、それについて何の疑問ももたれることもなく当然のこととして前提されている。しかし、ここでの「人」とはきわめて限定されたものにすぎない。このことは、その限定からあらかじめ「女子」が排除されているところに示されているわけである。そのような限定においてはじめて「男子」・「女子」の区別が登場する。しかし、「学問」とはそのような区別を超えること、あるいはこの区別の根源にあることであって、このように区別すること以前のことである。このことの主体となるものがまさに「人」と言われるものである。

この場合の「人」とは人間一般を意味するであろう。これを個々の人間について捉えるならば、それは特定の専門分野の人間以外の人間、つまり専門家ではない人間であり、したがって一般人であろう。あさの生涯を貫くものは、この「人」としての欲求、すなわち「学問」という人間の根源的な欲求の満足させるための活動であろう。

両替屋という家業を支えることは、あさの考えるところによれば、「嫁」としてのあさの使命、つまり「お家を守る」ことであった。直接的にこのことに関わる「学問」の専門分野を限定すれば、家政学となろう。あさは両替屋以外にも、炭鉱業、銀行業、生命保険業などの実業に携った。彼女にとっては、それらはそれぞれ他のものには置き換えることのできないものであって、したがって価値としては等しいものであろう。というのは、それらは「お家を守る」ことのそれぞれ一つの形だからである。そしてそれらは、そのときどきの活動の重点であったにすぎないものであって、そのときどきの条件によって位置づけられたものであろう。彼女のそのときどきの活動は、それらをそのときどきの条件によって位置づけるかぎりで、それらの根底にある彼女の存在そのものから生じてくるものである。確かにそれぞれの具体的な活動においては、あさは実業家としては専門家である。しかし、彼女はつねに個々の専門分野を超えているのである。

さらに、彼女の存在は彼女が当の実業家であるということをも超えている。そのとき、彼女はまさに「人」なのである。彼女をそのようにさせたものは、彼女の存在そのものから生じる「学問」の欲求であろう。その意味で、あさはあさなりの仕方で、つまり彼女の専門分野である実業活動を通じて、人間の根源的な欲求の満足を追求したと言えよう。彼女が目指すのは特定の専門分野の欲求の満足というよりも、この欲求の根底にある主体としての自分が自分であることの欲求の満足であろう。

11　あさと女子大学校設立運動

一人ひとりの人間は、実業に携ることによって実践的にその分野のさまざまな知識を身に付けるであろう。あさの場合、それは商業における「実用」の知識であったと思われる。あさは一方でそのような知識を獲得し、それは「商売」が好きというあさの活動を支えたであろう。しかし他方では、あさは少女のころの「学問」の欲求をも一つの憧れとしてもちつづけたようである。この欲求ゆえに、成澤の女子教育論にあさは感動したのであろう（ノベライズ　下153参照）。（註2）

成澤の女子高等教育の根幹は、それが「普通教育」であるという点にある。それこそ、あさの「学問」の欲求に応えるものであったのではないだろうか。

そろばんに始まる、あさの商業上の知識の追求が「学問」の一つとして「学問」そのものへの問題意識を育てたかもしれない。あさの活動には、それがどのような分野において展開されても、そこで形を変えたあさなりの「学問」の姿がある。

成澤は、必ずしもあさの根底にある「学問」の欲求にははっきりとは気付いていなかったようである。あくまで賛同者の一人としてではあるが、とりわけ女性の実業家として実業界で活躍している女性ならば女子教育に関心をもっているはずだと推測していたと思われる。そして、女子大学校設立に賛同してくれるならば、女子大学校設立の運動に女性からの支持という一定の役割を果たしてくれることになるという位置づけであろう。賛同を得たならば、世の中に訴えることに非常に有力な支援になるというわけであろう。しかし、あさはもっと本格的に成澤と「一つ心で」この運動に関わる覚悟を示した。

数日後、あさが九州の炭坑から大阪に戻ると、加野銀行の応接室で成澤が待っていた。成澤は自分の原稿をあさが熟読したことに感謝し、あさはその内容に感激したと率直に伝えた。

「とにかく、どないなお手伝いができるのか、うちも真剣に考えてみよて……」

「いいや、賛同者になっていただくだけでありがたいのです。女子の大学校を設立するからには、発起人の中に、聡明な女性に入ってもらいたかった」

「それは、うちに名前だけ貸してくれ言うたはりますのやろか？」

あさが成澤の草稿を出すと、細かい書き込みのあるしおりがたくさん挟まれている。それだけ成澤の草稿を読み込んだということだが、女子の大学校が実現できるかは別問題だ。

「なんぼ新しいことやろ思ても、世の人にわかってもらわれへんかったらおしまいだす。今、賛同者はうち入れて何人いてはりますのやろか？」

成澤はしばし言い渋り、あさにごまかしは利かないと諦めた。

「十一人です。確かに……私は今、多くの人にどちらかというたらやっかい者扱いされてます」

成澤がアメリカ留学から三年ぶりに帰国すると、日本の女子教育に対する考え方は『女は家庭、学問など必要ない』という風潮が高まり、進歩どころか後退していた。

「だからこそ今、百年先二百年先を見越しての女子教育の方針を定めるべきで……」

成澤の考えそのものは秀逸だが、あさからすると足元がおぼつかなくて見ていられない。

「うちに、あなたを手伝わしとくなはれ。先生と一つ心で、実際に役に立つことをしたいのです」

「Now that's a surprise. 白岡さん、なんというか……」

成澤が感激して抱きつきそうになると、あさはすっと脇に寄り、炭坑帰りの荷物の中から赤いそろばんを取り出してテーブルに置いた。

「いちばん役に立つことはなんやろ思て、精一杯考えてみました。お金だす」

案の定、成澤は女子大学校建設に必要な資金を、まったく工面していなかった。


（ノベライズ　下157-158）

あさにとっては、「学問」の欲求は自分の存在の根底から発せられている欲求である。この欲求に形を与えてくれるものとして、成澤の女子高等教育論は捉えられたと思われる。あさは、子どものころからの疑問（男子に許されているものが女子にはなぜ許されないのか）への答えとして成澤による女子に「人」としての教育を与えるという理念を受け止めたのであろう。彼女はこのことによって、彼女なりに男女差別を理念的に乗り越える方向を見出したわけである。そして日本初の女子大学校設立運動を自分自身のこととして、とりわけ資金面で協力する。

何日かすると、加野銀行に洋装の紳士がやって来た。仕立屋の後藤屋があつらえたスーツ、革靴、帽子を身に付けた成澤だ。応接室に通された成澤の前に、あさは当面の運動資金に充ててくれと現金をおいた。洋装一式も含め、これらはあさ個人の寄付だ。

次に、あさは事前に熟考し、必須条件として紙に書き出しておいたものを成澤に提示した。

「われわれがこれからやらなあかんことは、大きゅう分けたら、この二つだす」

「女子教育ノ理解ヲ得ルベキコト」「女子大学校新設資金ヲ集ムルコト」の二つが書いてある。

「この二つが両方うまいことといかへんかったら、この事業は成立せぇへんのだす」

あさは、新設資金の調達、つまり寄付金集めから始めるつもりだ。

「うちは商人。これから先、お金の面倒はうちが一切引き受けます。先生は教育者。先生はまずこのお原稿を本にして、女子大学校設立のための趣意書をつくっとくれやす。うちはそれ持って大阪中の、いや、日本中の財産家一つ一つ当たって頼んでみよ思てます」／

さすが大阪一の女実業家は、やると決めたら迅速で行動的だ。成澤が圧倒されていると、あさがおいどをたたいた。

「しっかりしとくなはれ、先生。お金のことやったら多少力になれても、先生のお考え守り伝えるのは先生にしかでけしまへんのだすさかい」

「いや……何と言っていいのか、白岡さん。あなたがいなかったらどうなってたことか」

「先生と『一つ心で』言いましたやろ。これからはうちが味方だす」

「I am really surprized……白岡さん、私はこの服を一生涯末永く愛用すると誓います」

「あの先生、なんとかさぷら、いうのはどないな意味だすか？」

「あぁ、『surprize』！　そうですね……白岡さんのびっくりぽんと同じ意味です」

「へ？　びっくりぽん？　やぁ、そないだすか」

また一つ、あさは成澤に親しみが湧いた。

（ノベライズ　下160 - 161）


女子教育の理念を具体化する運動の上で、あさが果たした役割の大きさを示すシーンであり、そして実際にそのようなことがあったかもしれないと思わせる何となくユーモラスなシーンである。あさの示した二つの「必須要件」のうち成澤が第一の理念の側面を、あさが第二の資金の側面を担当するのは当然のことである。しかし、運動そのものの枠組みがこれらによって設定されたということ、そのことによってはじめて運動が始まるわけである。ここにあさが果たした役割があったのであろう。そしてさらにこの役割が、あさがこの運動を成澤と「一つ心で」最後まで追求したことによって果たされたことは言うまでもない。

「女子大学創設までの道のり」⑤――「大隈重信に猛アピール！」「あさは資金集めの助言をもらうため、東京の大隈重信を訪ねる。女子教育の必要性を説くあさに「見事なプレゼンテーション」と称した大隈は、全面的に協力することを約束。」（第20週、明治27（1894）年）（メモリアルブック100参照）

郵便はがき

料金受取人払郵便

神田局
承認

2625

差出有効期間
平成29年10月
31日まで

101-8791

507

東京都千代田区西神田
2-5-11出版輸送ビル2F

㈱花伝社 行

お名前《ふりがな》
お電話
ご住所（〒　　　　　　　　） （送り先）

◎新しい読者をご紹介ください。

お名前《ふりがな》
お電話
ご住所（〒　　　　　　　　） （送り先）

愛読者カード

このたびは小社の本をお買い上げ頂き、ありがとうございます。今後の企画の参考とさせて頂きますのでお手数ですが、ご記入の上お送り下さい。

書 名

本書についてのご感想をお聞かせ下さい。また、今後の出版物についてのご意見などを、お寄せ下さい。

◎購読注文書◎

ご注文日　　年　　月　　日

書　　名	冊　数

代金は本の発送の際、振替用紙を同封いたしますので、それでお支払い下さい。
（2冊以上送料無料）

なおご注文は　FAX　03-3239-8272　または
メール　kadensha@muf.biglobe.ne.jp
でも受け付けております。

あさは私立学校設立の先輩としての大隈重信にまず手紙で働きかける。

「大隈重信さんに直接聞いてこう思うんだす。そうや、こないなときはまず懐の深いところから行かな。肝心要を押さえることができたら物事はあとが楽だす」

（ノベライズ　下163）

あさは大隈からの返事がなかなか届かなかったので、大阪から東京まで会いに出かける。これがあさの行動様式である。それは新次郎を驚かせるものである。

あさの社交性と、これと目をつけた人物へ向けての積極性には、新次郎も時折驚かされる。

（ノベライズ　下163）

あさは早稲田の大隈邸に出かける。当時の社交の在り方がどのようなものであったかを示すシーンである。

大阪から東京まで、汽車でおよそ十九時間かかる。あさは宿で一泊し、翌日、大隈邸を尋ねた。玄関の広い土間に所狭しと靴や草履が散乱していて、来客の多さを物語っている。

あさがせっせと靴や草履をそろえていると、大隈の妻・綾子が走り出てきた。

「まぁ、今片付けさせようと思っていましたのに、きれいにしていただいてどうもありがとうございます。あら、初めていらっしゃるお客様ですわね？」

「へぇ、お初にお目にかかります。大阪で銀行の商いしております、白岡あさと申します」

「あぁ、白岡あささん！　まぁ、お見えになるのをうちの大隈、楽しみにしていたんですのよ」

（ノベライズ　下164）


ここでさりげなく、あさと大隈の妻・綾子との初めての出会いが描かれている。この出会いはふたりの女性同士の記念すべき出会いであったことになろう。というのも、ドラマでは綾子が女子大学校設立まであさの（東京での）運動の最大の協力者としてあさを支えて活動するようになるからである。運動がなかなか進まず、困難な状況になったとき、少なからぬ援助者たちの腰が引けているような場合にも、綾子はまったく態度を変えることなく、あさを支援し続けた。彼女は女子大学校入学式のシーンにおいても女子大学校創立を祝う出席者のひとりになり、あさの祝辞に耳を傾ける（前掲参照）。


あさが広い部屋に案内されると、杖《つえ》を持った壮年の男性、大隈重信が大勢の人たちに囲まれて豪快に笑っている。綾子はあさの手を取り、大隈のところに連れていった。

「あなた。大阪の加野銀行の白岡あささんです」

「おぉ！　あなたが女だてらに金もうけに成功して銀行をつくったという例の女の人であるか」

大隈は豪放磊落《らいらく》な語り口で、周囲の人たちに響き渡る声であさを紹介した。

「諸君！　この人はね、なんと、女子にも大学校が必要だと、そのようないかにも先進的なことを考えていらっしゃる、大阪の偉大な実業家であるのでありますぞ」

するとあさと大隈の周囲に、興味本位の人だかりができてくる。

「いかにもこの白岡あさ、いつかこの日本にも女子の大学校をと、そう願いまして大隈様にご意見伺おうと、大阪からこの東京早稲田までやって参りました。皆様、どうぞよろしゅう」

あさは物おじせずに胸を張って挨拶し、大隈と綾子が瞠目した。

（ノベライズ　下164 - 165）

まずは、話の内容に入る前に、あさの立ち居振る舞いが大隈と綾子とを瞠目させたわけである。あさの態度はあくまで堂々としており、話の内容そのものにも強い説得力を与えたと思われる。このことは、おそらく話の内容に入るときの第一印象として重要な前提になったであろう。大隈・綾子やその他の人たちの耳をそばだてさせたにちがいない。

この当時、日本の女子教育の指針は「おなごの主な天職たるは賢母良妻」だった。

「確かに女子教育についてわが国は外国に遅れを取っている。しかしわが輩は……今の女子の教育はその賢母良妻をつくるには十分に値すると考えるのである」

大隈は日本に女子大学校を設立するのは時期尚早ではないかと語り、あさの意見を求めた。

あさが着ているのは、はつが縫ってくれたマントだ。あさの口元に笑みが漂った。

「へぇ、大隈先生。うちも賢母良妻に憧れております」

あさが小さかった頃と違い、女子も小学校、高等小学校、女学校にも進むことができ、よい時代になったと満足していたこともあった。ところが女子大学校設立を目標に掲げてみると、世間の考えは大きく変わっていなかったことがわかった。「これで女子は十分だろう」という政府の考えに流されていただけで、今においても、男子と女子では教育がまるで違っている。

「初めから教育の目指すところが男子は学問、女子は花嫁修業と明らかに違《ちご》てしもてんのだす。『おなごに学問なんか要らん。学ぶ場さえ用意しといたらそれで十分やろ』いうそもそもの考えが、今日の女子高等教育の大きい足かせになってるのでございます」

大隈が渋い顔をし、客たちがざわついたが、あさは発言を続けた。

「うちは、大隈先生のおっしゃる『賢母良妻がおなごの主たる天職である』いうお考えに異論はございまへん。そやけどそのためにかて学ぶことは必要だす。芸事や実技も大事ですけど、世の中の動きに疎い女性だけではあかん。賢母良妻になるためにかて、男女の間に教育の区別をすべきやあれへんのだす。女子もまた社会の一員となり、生きるすべや人を助けるすべを身につけ、それによって幸せを感じ、社会のためになるように励むこと。これこそが女子に高等教育の必要な理由だす」

あさは成澤の草稿を取り出した。

「今すぐにでも百年先を見据えて、大きな目で見て方針を定めるべきや……」

あさがゲホゲホと激しくせきこんだ。息もつかずに一気に話し、喉がかれてしまったのだ。

「ということが……、ここに書いてありますので、どうかご一読を」

せきをこらえながら、あさは『女子の教育に就いて』と書かれた草稿を大隈に手渡した。

大隈がじっと、あさを見据えている。客たちが固唾をのんで大隈の様子をうかがい、綾子がとりなそうとしたとき、大隈の表情が緩んだ。

「……ははぁ。いやぁ、これは見事なり！」

大隈が驚嘆してあさを褒めたたえ、緊張が高まっていた場がすっと和んだ。それとともに、午前の部はお開きとなり、客たちは大隈と挨拶を交わしてぞろぞろと帰っていく。客たちがいなくなると、大隈があさに歩み寄った。

（ノベライズ　下 165 - 166）


あさの議論は、大隈の「賢母良妻がおなごの主たる天職である」という説に同意しつつ、しかし、それをどのようにどのように実現するのかという点で、より一歩踏み込んだ立場を提示している。大隈はそれに驚嘆している。内容的にもかなりの説得力をもって受け止められたようである。ただし、あさの話を大隈は政治家として一種の政治上の文脈で理解したようである。もちろんあさは学校づくりの文脈に話を戻す。

「あんたの弁舌は実に愉快であった。老いも若きも、男も女も、民が学べば国も育つ。それは政府もわかってるのだ。しかし男子の教育概念さえまだ確立されていない中、女子は後回しになっておる。それに、もう大臣でもなんでもないわが輩は……残念ながら大した役には立てそうにない」

「いいや。うちは、学校をおつくりになりはりました先輩として、大隈様にお目にかかりに来たのでございます」

あさは喉がかれるほど話し、見事だった愉快だったと言われ、これ以上の喜びはない。

（ノベライズ　下167）

大隈はあさに心を開き、自身の政治家としての経験から教育へと向かうその思いの根底にあるものを語る。あさも商いの経験から教育への共通の思いを語り、大隈の協力の意に感謝する。

大隈は暴徒に爆弾を投げつけられたことがあり、周りにいる者の誰が本当の味方か信用できない生きにくさを覚えている。あさも商いの競争の中で、生き馬の目を抜くような世知辛《せちがら》さを感じずにはいられない。

「その点……教育いうのは違いますなぁ」

「結局この世に二心なく残せるのは人材だけだ。だからこそ人を育てるのは何よりも大切なことなのである。はぁ……白岡君。この大隈、できるかぎりの協力はさせてもらいますぞ」

「……おおきに！　おおきにありがとうございます」

大隈とあさが心を通わせていく様子を、綾子はほほ笑んで見ていた。

（ノベライズ　下167）（文献資料11）

12　ファーストピングイン

女子大学校設立運動の寄付金集めは困難であり、その理由についてあさはこの国の「おなごに対する考え」が変わる可能性がないと加野銀行支配人の平十郎からずばり言われてしまう。

「この先なんぼこの国が発展したとしても、おなごに対する考えが根本的に変わることは、きっと永久にないでしょう」

「そうだすなぁ。長年培われてきたものを変えることはほんまに難しい。せやからこそ、懲りてへん言われても恐れずに飛び込むピングインはたくさんいてなあかんのだす」

たとえファーストピングインのあさが大海原でフカに飲み込まれても、あとに続くピングインがどんどん出現するように、あさいわく「婦人の頭脳を開拓」しなくてはならない。そのための女子大学校だと、あさは気持ちを切り替えてまた出かけていった。

（ノベライズ　下221）

「ファーストピングイン［ペンギン］」とは五代が加野屋という「お家を守る」ために炭坑で奮闘しているあさをそれにたとえたことがあるものである。


友厚は不思議な生き物の絵を手にしていて、あさに語りかけてくる。

「日本から遠く離れた南極いう氷だらけのところに……ピングインという鳥がいてる」

ピングインは鳥だが空は飛べず、その代わり、海中を素早く泳ぐ。しかし、海の中は危険が多く、どんな敵や困難が待ち受けているかしれない。そんな中、群れの中でいちばん初めに海に飛び込む勇気あるピングインのことを、ファーストピングインと呼ぶ。

あさはだんだん目が覚めてきて、友厚の話を不思議そうに聞いている。

「私は、実は加野屋はすぐに潰れると思てました。しかし、加野屋には、あなたというファーストピングインがいてた。恐れを見せず前を歩く者が」

「……恐れを見せず……前を？」

「そう。それでええ。胸張って堂々と海に飛び込むのや。髭なんか気にしてたらあかん」

（ノベライズ　上226）


五代からかつてファーストピングインにたとえられたあさは療養に向かう彼とその生前最後に話をしたとき、彼の生き方のうちにピングインを見出し、昔のたとえを彼に返す。ピングインの話題を共通にして、あさは「もし私が死んだかて、五代のつくった大阪は残ります」（ノベライズ　下71）という、自己を犠牲にして大阪のために尽くした五代の生き方を讃え、その次の世代への継承を伝えることで、積年の感謝の思いを述べたのであろう。（註3）

友厚は大阪にも、日本にもまだなすべきことを多く残している。

「最後まで……私はこの国の未来のために命を懸けたい」

「……やっぱり、前を向いたはりますなぁ。ピングインは、あなた様だす」

あさは懐から、昔、炭坑で友厚からもらった手描きのペンギンの絵を出した。

「これは……」

友厚は破顔した。

「実は……びっくりぽんなお話がありましてなぁ、子どもの教本に、ピングインが載ってましたのや」

あさが笑顔をつくって話し始めると、友厚は穏やかな表情で聞き、幸せそうに長椅子に身を預けた。

（ノベライズ　下83）


このように、「ファーストピングイン」のイメージをもってあさは実業界の指導者とも言うべき五代から彼女の活動について承認されたわけである。このイメージはあさの姿を象徴している。あさは喜んでこの象徴を自分のこととして受け容れる。さらに自分に続いて出現するべきたくさんのピングインのための女子大学校を設立するという思いで運動の困難に立ち向かうのである。

あさは、すでにこの象徴で女性行員たちをたとえた。彼女は、このときにこの方向を後の世代のためにとり、広めてきたわけである。

「あなた方はこれから外で働くおなごのファーストピングインや。道を切り開くんだす」
多くの女性たちの先陣を切って仕事に就くサカエたちを、あさは全力で育てていこうという意欲に燃えていた。
（ノベライズ　下125）

このイメージは、どのような分野においてもそこでの活動の先駆者について言うことができるものであろう。

当の表現が用いられない場合でも、それと同じ文脈でたとえば「代表」「さきがけ」と表現されることもある。宜の場合がそうである。

あさは宜の母・フナに晴花亭まで来てもらい、宜を大学校に入学させてほしいと頼んだ。
「大学校でまで勉強しても何の役に立ちますのやら」
フナは、高い学問を身につける必要などないと考えている。

あさもフナの言い分がわからないではない。例えば新次郎の紡績工場の女工の半数は、文字は読めないが仕事はちゃんとこなしている。だが、その中にも、事情さえ許すならもっと勉強して、世の中のことを知りたいと思っている者たちがいるのではないか。／

「これからこの大学校に入る学生は、そないな日本全国の学びたいおなごの代表にならなあきまへん。道をつくりますのや。私は宜さんに、ぜひそのさきがけになってもらいたいんだす」

あさが力説しているところへ、亀助が「えらいこっちゃ、えらいこっちゃ〜」とやって来た。入学者の募集を始めたばかりだというのに、すでに二百人もの応募が来ているという。

あさは実情をフナにも知ってもらおうと、創立事務所にフナ、宜とともに向かった。

絹田も興奮していて、とても全部は受け入れられないとうれしい悲鳴を上げている。

「はぁ……やっぱり勉学したいゆうおなごはんはこないにようけいてはりましたのやなぁ」

あさは感激し、亀助、絹田ら支援者たちと喜びを分かち合った。

「お母ちゃん。どうかお願いします！」

宜が頭を下げると、皆が歓喜する様子を見ていたフナが、とうとう大学校進学を承知した。

（ノベライズ　下259-260）

あさは「学問」の欲求から出発し、実業活動を「お家を守る」という立場から展開した。そのことをめぐって五代があさを「ファーストピングイン」にたとえた。ここではあさ自身によって女子大学校設立の運動でのあさもこのイメージによって象徴されている。

あさの場合には、ここでの象徴は或る特別の意味をもっているように思われる。というのは、この運動において「ファーストピングイン」であることは、あさが彼女の本来的な姿で実現されるということだからである。つまり、実業活動においては個人的で潜在的なものにとどまっていたあさの「学問」の欲求が、女子大学校設立運動によって社会的に制度化されるもののもとで顕在的なものになろうとしているということである。女子大学校とは「学問」が禁じられていた女子にとってはじめてほとんど文字通りに「学問」をする場であろう。それは、あさのもともとの「学問」の欲求に応えるものであり、より一般的には「学問」の欲求という人間にとっての根源的な欲求が具体化される場であろう。この運動によってあさにとっては、自分が自分であること、あるいは彼女自身の存在そのものを証明することが可能になるのである。

あさの場合、実業活動と女子大学校設立運動とがいわば「人」としてのあさにとって深く結びついていたと考えられる。というのは、実業活動での「ファーストピングイン」であるあさは、その実業活動のような活動へと後の世代の女性たちが「ファーストピングイン」として進んでいくことができるように、女子大学校設立運動に取り組んだからである。

このような態度はあさが遭遇した事態においてより鍛えられたであろう。それは、加野銀行への預金が女子大学校設立資金へ回されているという悪いうわさが流れたときのことである。そのような折にかつての同業者で落ちぶれてしまった萬谷与左衛門が加野銀行に金を貸せと現れた。あさの目から見て融資の対象にならないとされると暴れてそこを追い出され、萬谷はあさを刺してしまう。（註４）しかし、入院したあさは奇跡的に意識を取り戻す。そして彼女は警察に捕まった萬谷のために口添えを新次郎に頼む。「萬谷さんをそこまで追い込んでしもたのは、うちのせえだす」と、せめてもっと親身になって話を聞けばよかったと自分を省みる（ノベライズ 下143、171、187参照）。経営者としての厳しさが前面に出過ぎてしまうこともあるということであろう。しかし、生命に関わるようなことになっても、自分を反省するという面もある。それだけ、実業家としてばかりではなく、「人」としても成長してきたと言えよう。

「女子大学創設までの道のり」⑥――「父・忠興が今井家の土地を寄贈。」（第22週、明治28（1895年）（メモリアルブック100参照）

このようなあさにとって当の運動を進める上で大きな支えになったのは、女子大学校の校地が提供されたことである。それは、女子大学校を東京で開校する場合には目白にある今井の別荘地を校地に使ってほしいという申し出があさの実家である今井家からなされた（下214、233、原案221、230、238参照）ことである。これは設立のための寄付金を募る運動がなかなか進まないという状況において、土地代が不要になることになり資金面で大きな助けになる。このことが可能になるためには、あさの実家がそれだけの資産を蓄積していることが前提される。その上でさらに大事なことは資産のこのような使い方が自発的に行われるまでに、女子大学校を設立することの意義がそれだけ賛同する人々の心を動かすような普遍的なものとして受け止められたということであろう。これらの人々は、この普遍的なものを実現するということに自らの存在理由を見出したのではないだろうか。それはその時代・

社会の条件のもとでの社会貢献の一つの形であろう。（文献資料12）（註5）

そして女子大学校設立運動の理念という面でも世の中の認識が深められたようである。その大きなものは渋沢栄一の理解が得られたことである。渋沢は成澤の女子教育論について「孔子もここまでは考えが及ばなかったのでないか」と述べたという（ノベライズ 下235参照）。（文献資料13）その際、ひょっとすると他ならぬあさの存在が渋沢にとってその気づきの一つのきっかけになったかもしれない。（註6）

「女子大学創設までの道のり」⑦――「ついに開校が決定！」「成澤は大学を「日の出女子大学校」と命名。建設地は東京に正式決定し、成澤は初代校長に。」（第24週、明治33（1900）年）（メモリアルブック100参照）

成澤は女子大学校の名前を提案する。

「仮に大学校の名前を付けようと思うのですが……日の出女子大学校、というのはいかがでしょうか？　どんなに暗い夜も、信じて進めば必ず日は昇り新しい朝が来る。学生たちにそんな気持ちで学んでもらいたいのです」

成澤が白岡家に来て、学校名についてあさと新次郎の意見を求めた。「新しい朝」は成澤があさに励まされたときにひらめいたもので、これはあさがずっと昔、許婚だった頃の新次郎に励まされたときから心がけとしてきたことでもある。

「はぁ、よろしおますなぁ。旦那様、どないだす？」

あさの生き方を表すような名前に、あさも新次郎も喜んで賛成した。

（ノベライズ　下248-249）

「あさ」と「朝」とがかけられている。そして「新しい朝」とは一人ひとりの人間にとってのものであるとともに、社会全体にとってのものである。たとえばそれは女子大学校の設立に示されるわけである。

「女子大学創設までの道のり」⑧——「日の出女子大学校開校」（明治34（1901）年4月）（メモリアルブック100参照。再掲）

このようにして、ついに女子大学校が設立された（前掲、冒頭の入学式のシーン参照）。

PART V

13　はつの歩み

ドラマのオリジナルの部分においては、あさとはつとが対比的に描かれている。あさの生き方がそれだけそのまま描かれるのではなくて、はつの生き方と対比させることによってあさの生き方の位置が示されるのである。もしあさについてのみそのまま描かれるならば、「女傑」というイメージが固定されて、それが先行するかもしれない。（註7）

しかし、ドラマではいわゆる「女傑」のイメージのもとで想定されているであろうものとは違うものが描かれている。あさはあくまでも自分にはできない仕方で「お家を守る」はつを「賢母良妻」として尊敬する。しかしあさの人間像も、はつの人間像とは違った形であれ、実業と子育ての両立に悩む「やわらかさ」のある人間像として捉えられるであろう。

そのような「やわらかさ」が発揮されるためには一つの前提が必要である。すなわち、どのような形にせよ、一人の女性が一人の男性とともに「人」としてその存在が承認されるということである。

加野屋がなんとか生き残ったのに対して、山王寺屋は没落した。はつは守るべき「家」を失った。姑の菊は、はつのせいだとする。それが息子の惣兵衛の怒りを呼び起こす。はつは惣兵衛の包丁で傷を負ってしまう。しかし、彼女はそのときはじめて「お家を守った」と自分の果たすべき役割を果たたしたと自分を肯定することができた。はつはまず「良妻」として惣兵衛が罪に陥ることを防いだのである。そしてそれは、時代の変化を受け容れられない義母をも「守る」ことになる。

あまりの惨めさに、菊は気がふれたように笑いだし、悔し涙ににじんだ目ではつをにらんだ。

「あんたが嫁いできてからええことあれへん。あんたが疫病神やったんや。お家を返せ！　ご先祖様からいただいた山王寺屋返してんか！　この疫病神が！」

「うぅぅ……うわあああああ！」

獣のような大声がして、惣兵衛が菊の前に立った。その手に、短刀が握られている。

「や、や、疫病神はお前や！　死ねぇーッ」／

惣兵衛が叫び、菊に短刀を振り下ろした。

その刹那、菊をかばって、はつが惣兵衛と菊との間に身をすべらせた。短刀の切っ先が、はつの肩をざっくりと傷つけた。

「はつ！」

肩を押さえて倒れ込んだはつを、惣兵衛が慌てて抱き起した。

「なんでや、なんでこんなことした⁉」

「はぁ……やっとだす。やっとうちにもお家を守ることができました」

自分が傷ついたかのように苦しげな惣兵衛に、はつは痛みに耐えて顔を上げた。

「お家がこないなってしもたのは、お義母様《かあ》のせえでも、誰のせえでもあらしまへん。時代のせえだす。それに負けて、旦那様が罪まで犯してしまうやなんて、おかしいのと違いますか」

「そう言うて、わしらこれからどないしたらええもんか」

「……わかりまへん。今、私らにできることは……一歩でも前にあるくことだけだす」

はつは痛みをこらえて立ち上がり、荷物を背負って歩き出した。足元をふらつかせて歩くはつに、栄達が駆け寄ってその荷物を持ってやる。腰が抜けてへなへなしゃがみ込んでいる菊を、はつに目で促された惣兵衛がしぶしぶ背負った。

はつ、栄達、惣兵衛は、先の見えない道をゆっくりと歩いていく。


（ノベライズ　上108 - 109）


その後はつは、惣兵衛探し、義母菊の説得、藍之助の大阪行きの承認など、あさとの対比の中で厳しい「境遇」（文献資料9参照）に置かれる。そして「お家を守る」ことの内容が展開する。まず当然のものとして固定され前提された「家」から、当の「家」がなくなってしまう。やむをえず、別の家業を選ばざるをえなくなる。このような経験をへて、「お家を守る」ことは一番大事なもの、つまり家族の一人ひとりの「人」を「守る」ことへと展開する。「家」の没落が守るべきものを「家」から「人」へと捉え直させるのである。そしてその結果として、はつは自分の人生を肯定することができるようになる。

はつは惣兵衛を信じて、「お家を守る」。はつの実家の両親から借りた土地証文をもとに惣兵衛一家は和歌山でみかん作りを始める。両替屋からみかん作りへと家業を転換することで、惣兵衛は自分にあった職業を見出すことができた。はつは、夫のそのような転換を支持する。彼女は大阪での両替屋復活にこだわる義母を説得することによって、新しい形で「お家を守る」。このように、はつはこの家族の生き方を決めていく上で最も重要な役割を果たすのである。

○　納屋・室内（第55回からのつづき）

はつ　「（遮って大声で）お義母さま！　聞いとくなはれ！」
菊　「？」
栄達　「！」
惣兵衛　「!?」
はつ　「……」
菊　「な、なんやの、急に大きい声出して……」
はつ　「旦那様は決してお義母さまがおっしゃるような弱いお方やあらしまへん！」
菊　「……」
惣兵衛　「……はつ」
はつ　「……」／

○　タイトル『あさが来た』　第56回

○ 納屋・室内

はつ「確かに昔は弱いとこかてありました。情けないとこかてぎょうさんありました」

惣兵衛「へ？　あったんかい」

はつ「そらそうだすやろ。いっぺんはうちらを置いて逃げ出して、博打に興じてはったんだすさかい」

惣兵衛「……」

栄達「……せやな」

はつ「せやけど旦那様はたとえ弱いとこはあっても、ずるいとこはひとつもない正直なお方だす。

(笑んで）性根のあったかいお方だす」

○ はつの回想（今までの惣兵衛）

はつの選んだ着物を見て、照れている惣兵衛。

＊　＊　＊

井戸に落ちたはつを抱きしめる惣兵衛。

＊　＊　＊

忠興に土下座する惣兵衛。

＊　＊　＊

惣兵衛「わしが笑ろて生きたらあかんやろ！」

はつ「……」
はつの声「それに……」

○　納屋・室内

はつ「今の旦那様は、もう昔の旦那様ではございまへん。毎日お天道様の光をいっぱいあびて働いて、今はもうこのおみかんみたいにピカピカや」
菊「……」
はつ「その旦那様が一家のためやと選びはった道だす。地に足付けて選びはった道だす。今度の道は、決して世の移り変わりやお金に振り回されることかてあらしまへん」
栄達「……」
はつ、頭を下げ、
はつ「どうか、どうか今回だけは旦那様の言い分を聞いたげとくなはれ。旦那様を……信じたげとくなはれ」
惣兵衛「はつ……」
菊「……」
いたたまれなくなり、出ていく菊。
追って出て行こうとするはつを笑顔で制す栄達。
『ここはまかせろ』という笑顔で出ていく。

はつ「……」

○同・表

栄達が一人立っている菊に歩み寄る。

菊「フン。うちかてわかってますわ。惣兵衛のことぐらい」

栄達「せやなぁ」

菊「というより惣兵衛のことは一番うちがわかってます」

栄達「せやせや」

菊「山王寺屋潰れたんが……あの子のせぇだけやあれへんことかて……」

と言うと思わず泣けてくる菊。栄達、肩を抱き、

栄達「……せや。惣兵衛は時代さえ変わらへんかったら立派に跡取りとして山王寺屋を大きゅうしてたはずの男だす」

菊「(泣きながら頷いて)……」

栄達「信じてみよ。あの子らのことを」

菊「……」

○納屋・室内

はつ、思わず自分の口をギュッとつまむ。

惣兵衛「?　何してますのや?」
はつ「……うちはなんと出過ぎたことを……」
　惣兵衛、はつの前に行くと、その手を取って握る。
はつ「?」
惣兵衛「(正座をし) ……おおきに」
はつ「……」
惣兵衛「わしを信じてくれて、おおきに」／
はつ「(嬉しくなり) ……旦那様」
　その時、戸が開いて戻ってくる栄達と菊。
　ハッとして慌てて離れるはつと惣兵衛。
惣兵衛「い、いやぁ。みかんだけやのうてな、近所の人にもろた大根もえらいええ味やったんや。頭からしっぽの先まできめの細かい大根で……あれをお前が漬けたら、ええお漬物になる」
はつ「へ、へぇ、そうだすか」
栄達「で、お二人さん。出立はいつにしますのや?」
はつ「……へ?」
　菊がストンと藁の上に座る。
　みかんを剥くとパクパクと食べ始める。
惣兵衛「(驚いて) ……」

はつ「……お義母さま」

笑んで顔を見合わせるはつと惣兵衛。

N「そして……」

○川（日替わり）

川で洗濯をしているはつ。

N「新しい出発の決まったはつのもとに……新しい朝がやってまいりました」

（第10週第56回、シナリオ45‐47）

はつは、和歌山へと向かう前に白岡家に招かれ、おそらくこれから会うこともなかなかないであろうあさとともに「新しい朝」を迎える。ここでふたりは、とりわけはつの打ち明け話をきっかけに彼女たちの「お家を守る」ことをめぐるこれまでのことについていわば中間総括し、これからのことに決意をもって思いをはせる。ここではいつもおっとりとしているはつの方が、あさよりも積極的に話を先導している。これまでの試練に耐えてきたはつが、その人生における落ち着いた態度をとっていることが印象的である。あさの方は、子どもであることから離れがたい思いもあるようである。われわれ視聴者は、ふたりの上方言葉のやりとりのリズムに心をまかせればよい。

○加野屋・座敷

「…」

はつ　「あさ、うちな……」

あさ　「？」

はつ　「……あぁ、もうええわ。もう最後やから言うてしまいましょ。うちな、ずっとあんたにやきもち妬いてましたんや」

あさ　「……へ？」

はつ　「……」

あさ　「……お姉ちゃんが？」／

はつ　「うん」

あさ　「うちにやきもち？」

はつ　「うん」

あさ　「うちが、お姉ちゃんにやきもちやのうて？」

はつ　「そうや。うちがあんたにや」

あさ　「なんで？　なんでだす？　なんでお姉ちゃんがうちにやきもち妬きはるんだす？　信じられへん」

はつ　「そら、おじいちゃんによう構てもろたり、許婚さんに恋文もろたり……今かて、うちの代りにこの家に嫁いで、こないええお布団で寝てたり」

あさ　「え……お姉ちゃん、知ってたの？」「もとははつが加野屋、あさが山王寺屋に嫁ぐ約束だった。ドラマ・

ガイド1：83参照〕

はつ「（答えず）お家のためて生き生き働いて、みんなに大事にされてたあんたを、どない羨まし思てたことか」

あさ「（驚いて）……」

はつ「……（苦笑）あ〜ぁ。言うてしもた」

あさ「びっくりぽんや。お姉ちゃんがそないなこと思てたやなんて……そやかてやきもち妬くのはいつもうちのほうや。いつでもお姉ちゃんばっかり褒められて、自慢の子や言われて、うちはいつでもあかん子ぉで……」

はつ「そうだすなぁ。けどもうあんたは、あかん子ぉやあれへん」

あさ「……」

はつ「うちがそばにいてへんかっても、充分やっていけますやろ？」

あさ「……」

はつ、小さく笑むと、

はつ「……うちもだす。うちも今ようよう、ようやく心の底からこの道でよかったて思てる。もうあんたに助けてもらわんかて、胸張って前に歩いて行けます」

あさ「……」

はつ「負け惜しみやのうて……うちはこの道歩んだからこそ、ようよう、人が生きるいうことがどないなことなんか、少ぉしだけわかってきた気ぃしますのや」

あさ　「……そうだすか。うちがそないなことわかるようなんのは、まだまだずーっと先のことになりそうだす！」
と、言うと布団に寝ころぶあさ。
泣きそうなのがバレるのが嫌で背を向ける。
はつ　「(笑んで見て)……」
あさ　「……うちらもう、子供やあれへんのだすなぁ」
はつ　「うん……いよいよこれからや」
あさ　「……」
はつ　「これからが、うちらのほんまの勝負だす」
はつ、あさに近づくと、その手をギュッと握る。
はつ　「ええか？　お互い精一杯、お家守っていこな」
あさ　「(泣きながら)うん」
はつ　「お互い精一杯、幸せになろな」
あさ　「うん！……(泣き笑いではつを見て)負けへんで」
はつ　「(笑んで)その意気や。うちかて負けへん」
あさ　「……ぅ……お姉ちゃん……」
と、はつに抱き付いて泣き始めるあさ。
優しくその頭を撫でるはつ。

はつ「……」
あさ「……」
N「そして……夜が終わり……」

○ 同・実景（日替わり）

N「姉妹のもとに、また新しい朝がやってまいりました」
（シナリオ63-64）

こうして和歌山でみかん作りに生活の道を見出した家族の中で、藍之助だけがそれにそのままにしたがうことができない。はつは、惣兵衛のことを立てながら息子の行く末について、適切な仕方で家族の合意を作り出す。


「わしらは……親の言うなりに生きようとした。自分にはその道しかあれへんて思てましたんや。この世のどっかにほかの道があるやなんて考えたこともあれへんかった」

惣兵衛は、突如山王寺屋の跡取りという道を失ってからのいばらの年月を順を追って語った。

「路頭に迷て、ようよう道いうのは自分らで探して歩くしかあれへんのやて気ぃついたんやな」

時に暗闇で道を外しそうにもなったが、はつは惣兵衛の手を握って離さなかった。

「そうやってお母ちゃんと選んだこの道や。せやさかいわしは、貧しいても今の暮らしに誇りを持ってる。お前にも、その誇りを……」

惣兵衛が、藍之助を見つめた。

「この誇りをわかってほしい思てたけど……家出してまでも自分で自分の道探したい言うねやったら、そらもう止められへんような気ぃしてきましたんや」

「旦那様。そやけど……この家のことはどないしはるおつもりだす？　うちの畑は……」

はつが言いかけたとき、藍之助が膝を正し、はつと惣兵衛の前に両手をついた。

「お願いします！　大阪に行かしてください！　いっぺんでええよって、日本一の商業の町で、僕の生まれた町できちんと働いてみたいんです」／

藍之助はみかんづくりが嫌いなわけではなく、商いというもっとやりたいことを見つけたのだ。

「……お母ちゃん、僕も頑張るで。お兄ちゃん行かしたって」

養之助が援護射撃をして、あとは、はつが承知するかどうかにかかっている。

「……まずは三年だす。うちらが和歌山に来てみかんの木ぃ植えて、初めて実ぃがなるまでにも三年かかりました。せやさかい……まずは三年、大阪で働いてきなさい。それまでにものにならへんかったら帰ってくるんやで」

厳しく言い聞かせると、はつはようやく笑んだ。

「……行っといで」

藍之助の頬が感激で紅潮した。

（ノベライズ　下140‐141）

菊が倒れ、介護を必要とする身になる。はつは介護を通じて、菊と深く接するようになる。そのような関係の中で、はつから出てくるのは感謝の言葉である。菊もやや皮肉まじりでもあるにせよ、この言葉を受け容れる。


　菊は布団から離れられない状態が続いていて、はつは昼夜をおかずに介護した。

「こない長いことお義母様と暮らさしてもろてますのに、一つだけずうっと言い忘れていたことがございます。旦那様を……あなた様の息子の惣兵衛様を産み育ててくれはりまして、おおきに」

　かつて初対面の惣兵衛は冷たい感じがしたが、根が温かくて、まっすぐな気性だとわかった。そして、農業を生業《なりわい》とするうちに、惣兵衛はどんどん偉丈夫《いじょうぶ》になっていった。／

「おかげ様で……うちは今、あったかい家と明るい息子に恵まれております。ほんまお義母様のおかげだす」

「フン。えらい嫌み言うてくれはりますわ、このお嫁さんは」

　菊がふっと笑い、はつは不自由になった菊の手を取ってさすった。

(ノベライズ　下 203 - 204)

菊は、山王寺屋を大阪での昔の姿のうちにではなくて、みかん山のうちに見るようになる。

紀州の陽光がみかん山を照らしている。惣兵衛と養之助が朝の農作業を終えて家に戻ると、菊が姿勢よく布団に座している。目をぱちくりさせる惣兵衛たちに、菊が言った。／

「なぁ、戸ぉ、ちょっと開けてくれへんか」

惣兵衛が戸を開けると、菊が外の空気を胸に吸い込んだ。

「やっぱりや……みかんの花の香りしてますな。……みかんは味もええけど、うちは花の香りが好きやなぁ。ひっそりして……品がようて……」

そばで寝ていた栄達が起き上がり、朝食の支度をしていたはつも手を止めて顔を出した。みかんの花が満開の季節だ。菊がみかん山に思いをはせた。

「……あの山が、山王寺屋なんだすなぁ。ここが私らの……山王寺屋なんや」

栄達、はつ、養之助がそれぞれの思いを胸に抱き、惣兵衛が感極まって涙ぐんだ。家族に囲まれ、花の香りと暖かい日ざしの中で、菊は神々しくほほ笑んでいた。

（ノベライズ　下206‐207）

山王寺屋としてのみかん山への菊の思いは、その没後、孫の養之助によって受け継がれる。こうして、はつの「お家を守る」という課題は新しい形で解決されるのである。

「お義母様……藍之助が帰ってきましたよ」

はつが菊の手を取り、あたかも生きているかのように語りかけた。

菊の葬儀は、本人の希望により、近親者のみでしめやかに執り行われた。

藍之助がいつまでも泣いているのを見て、養之助が歩み寄った。

「おばあちゃんの最期は決してみじめなもんやなかったで」

家族で協力して菊の世話をして、もうすぐ養之助の嫁になる節《せつ》も手伝った。養之助が結婚を決めたことを、菊は誰よりも喜んでいた。亡くなる三日前は、皆で菊を抱いてみかん山に行った。

「おばあちゃん、みかんの花の香りいっぱい浴びて、ほんまうれしそうに笑《わろ》てはったわ」

養之助が菊の最期の日々を語り、はつ、惣兵衛、栄達が引き寄せられるようにして集まった。

「僕な、決めたんよぉ。僕は、一生ここで生きていく」

養之助が宣言した。その力強い振る舞いに、一回り大きくなった頼もしさがある。

「せやよって、お兄ちゃんは安心して、大阪戻ってくれてええで。な」

藍之助が気圧《けお》されつつ、「……うん」と答えると、養之助が庭に向かって大声を放った。

「おーい、おばあーちゃーん！　山王寺屋はなぁ、僕がきっと守っていくよってよぉ！」

（ノベライズ　下208）

菊の思いはみかん山として家族それぞれの身近なところに止まっているのである。

PART VI

14　生命保険業

あさの能力として或ることの必要性を認識し、これを遂行する力がある。これは何らかの事業を起こし、そしてそこから一つの成果を産み出す上で前提されるものであろう。あさのそのような能力が発揮されたものとして生命保険事業がある。

生命保険会社は榮三郎が「働く者の一家を助けることのできる、社会的にも意義のある事業」（ノベライズ　下 228）であるとして、経営の助けをもとめる或る会社を買い取ってはじめようと提案した。あさもこの業種がこの先成長すると感じ、医術の進歩で寿命が延び、生命保険の意義がさらに高まるという。あさが刺されて入院したことや、雁助が仕事中に大怪我をしたということも榮三郎が生命保険という新たな分野に進出しようと考えるきっかけになったようである（同参照）。新次郎はあさの仕事の負担が増えるのを危惧したが、榮三郎はあさの賛成で意を強くし、長期で預かる保険料は運用資金としてもうまみがあると新次郎に言う。新次郎も弟が自分からやる気になった事業で、あさも平十郎も乗り気ならやってみる価値は大いにありそうだと同意する。「万が一のときには、その人や家族を助けることもできますしな」というわけである。（同　下 229 参照）。このように、何らかの位置づけによって事業者としての自己自身を納得しようとする。その社会的意義という点で自分の生命に関わる事柄を経験したあさも、生命保険事業に形を変えた仕方で身をもって示す自分の「学問」の欲求の対象を見出したのではないだろうか。

あさは加野屋最大の改革を考えていた。改革の対象となるのは、加野生命だ。日本でもやっと生命保険の必要性が理解されてきたが、今は不況の波をもろにかぶり、生命保険会社は軒並み契約件数が伸び悩んで競争が厳しくなっている。あさは、その点に目をつけた。

［…］

「うちと同じように経営に行き詰っている生命保険はようけあります。そこを三つほど見繕うて手ぇ組んで、大きい保険会社に、合併したらどないか思いますのや」

不安な時ほど大きなものに頼りたくなるという、人の心理を読むことで考えついた案だ。小さい会社が守りに入れば、結局は大きい会社に飲み込まれてしまう。それより、加野生命自らが大／きくなれば、今の保険事業に風穴を開けられる。あさはそこまで見越して、炭坑を売却していたのだ。

「この国は保険のありがたさにようよう気ぃついた。加野屋の事業の中でも、この生命保険は、この先の日本でいちばん見込みのある事業だす。それを伸ばさん手あらしまへん」

（ノベライズ　下266‐267）

こうして「京都や奈良や滋賀やら、いろんなとこから水集めて、海から世界中に流れ出しいく」「淀川」にちなんだ「淀川生命」が発足する（ノベライズ　下270参照）。炭坑の売却をも含めて、あさ

は経営者として全体の流れを認識し、一つの成果を得られるまで遂行する力を発揮したわけである。（註8）

ここにあさなりの「学問」の追求が一つの形で結晶したと言えよう。これを全体としてどのように捉えるのか、という点について自己の思いを反省する段階に到達したと見ることもできる。このことは次のシーンに語られている。

晴花亭であさと新次郎が食事をしていると、美和が来て淀川生命のことを話題にした。

「保険の会社、えらい立派な二階建ての建物だすなぁ」

「大阪駅も改築が終わって、えらいハイカラな石づくりになりましたやろ。うちも大阪代表として負けてられしまへん」

あさは西洋風の社屋がちょっと自慢だ。ところが店にいた外国人の客が、日本ならではの景観が変わってしまうのは非常にもったいないことだと話しかけてきた。

「私は日本の文化と宗教観に興味を持ってアメリカから来ました、ヴォリンガーと申します」／ヴォリンガー（註9）はアメリカで建築学を学んでいるのだという。日本の歴史にも詳しく、徳川政権下で二百年以上鎖国を続け、独特の文化が育ったことまでよく知っている。

「それがたった三十年でどうです。過去を何もかも捨て、今やどこをどう取ったって西洋の物まねです」

「そやけどそれは、日本が生き延びるためだしたのや。この国守るためには、むやみに闘うのやのうて、柔軟に西洋の文化受け入れて、政治でも経済でも大きなるのがいちばんやったさかいだす」

　あさが加野屋を立て直し、大きくするためにたどってきた道でもあった。新政府の舵取りに不満を持ったこともあったが、皆で日本という大きな船に乗り、明治という黎明の時代をこいだり流されたりしながら、どうにか今日まで進んできた。

「……ふふふ。なぁんて偉そうに言うてましても、もうそろそろ、朝も終りだすなぁ。もう夜明けやなんて言うてられへん。すっかり日ぃも昇って、もうこの時代も終わり迎えなあかん」

「……そうだすなぁ。あとはここまで肩肘張って大きなったこの国がどないなるか。よ〜し、そない大事なことは、そらお酒飲んでじっくり話せなあきまへん」

　新次郎が陽気に笑った。

（ノベライズ　下271 - 272）

　あさは一つの時代の終わりを感じている。ではどのようにするのか。あさの答えは現在の到達点を前提しつつ、これを吟味する次の方向に向かう。

15　あさと女子学生

あさは女子大学校に出かけ、もともとの彼女の「学問」の欲求を満足させようとする。

店が少し落ち着いた頃合いを見計らい、あさと新次郎は、東京の日の出女子大学校に向かった。大学校で学びたいというあさの夢を実現させるためだ。あさは絹田の授業を聴講して熱心にノートをとった。

新次郎が廊下から教室をのぞくと、女子学生に交じって一人年配のあさが最後列に座っている。それが、一瞬、十代の頃の好奇心で目がらんらんと輝いていたあさの姿に重なり、新次郎は思わずほほ笑んでいた。

（ノベライズ　下269）

女子大学校設立数年後、彼女の女子教育への思いは当の学生たちの中にそれなりに伝わったようである。

この頃から、冬休みや春休みを利用し、あさを慕う日の出女子大学校の学生たちが白岡家にやって来るようになった。あさは学生たちを歓迎し、そろばんや簿記など商いの基本を教え、うめからは針仕事を習わせ、台所仕事を任せるなど、学生たちが生きた学問を身につけられるように努めた。

（ノベライズ　下276）

しかし、あさは彼女たちに簡単に受け容れられたわけではなく、傲慢な女性として受けとめられたこともあったようである。

それには、あさが「成澤から訓示を与えてほしいと頼まれていて、あさの人生経験が何かの役に立てばと教壇に立つことにした」という事情が関わっている（ノベライズ　下278参照）。ちょうどその頃、日の出女子大学校の女子学生たちが槍玉に挙げられて、「女学生堕落論」「女学生の末」など新聞・雑誌によっていわれのない醜聞記事が書きたてられたという（ノベライズ　下277参照）。あさはこれらの記事に怒っており、教壇でこのことを取り上げた。

あさは話をしながら、前の週に発行された新聞の記事を取り出した。

「東京で学ぶ女子学生がこのような書かれ方してることは、私は心外でなりません。この大学校に、ここにあるような堕落した学生がいてるとは決して思いませんけど、それでもここで学ぶ者は己の行いにもっと深《ふこ》う責任持ってもらいたいのだす」

あさは成澤や絹田の名を挙げ、二人が女子教育のために身を犠牲にして働いたことを語った。

「私の望むのは、皆さんがその恩を全身で受け、犠牲的精神を持って自己を捨て、誠実に日々を過ごし、勉学にいそしむことだす。あなた方の行い一つで、たちまち世間からの信用落とすことをお忘れになりまへんよう！」

女子学生たちが真剣な顔で聞いている中で、宜の耳に隣の席のつぶやきが聞こえた。

「フッ、いけすかない傲慢おばさんですこと」

この女子学生は平塚明《ひらつかはる》といい、のちに平塚らいてうの名で女性の地位向上を目ざした活動を展開するようになる。

（ノベライズ　下278）

このように、教壇に立ったあさが女子学生たちにまさに正面から注文をしたのに対して、彼女たちの方からもなかなか厳しい陰口が起こったようである。あさはこれを宜から聞き、陰口ではなく、直接自分に言うべきだとし、そうしないのは卑怯だと言う。あさの立場から見れば相互が対等に正面から議論するという仕方をとることによってはじめて「人」として「平等」であることが実現されるということになるだろう。

白岡家のリビングに通された三人の女子学生は、あさと顔を合わせると、平塚明、高橋《たかはし》ゆか、斉藤《さいとう》のりと名乗った。中心にいるのが明で、気が強そうに身じろぎをした。

「三年生の田村宜さんから、『文句があるなら堂々と言え。陰で言うのは卑怯者のすることだ』

という あなた様のお言葉を聞きまして、『卑怯者とは何事か』という憤懣《ふんまん》やるかたない心持ちで／大阪まで参りました。私はあなたを女子教育の恩人として、はたまた女の先輩として、一つも尊敬したり感謝したりする気になれません」

明は成澤の本を読んでその教えに啓蒙《けいもう》され、日の出女子大学校に入学した。しかし、その設立に貢献したという財界人や政界の大物が、大学校に来ては偉そうに講釈を垂れることには辟易《へきえき》すると不服を唱えた。また、あさの弁説は自信満々で押しつけがましく、傲慢さが見え透いていると抗議した。

「私だけではありません。白岡あさ女史が、地位と金の力を鼻先にひけらかすいけ好かない老婦人というのは、われわれの間ではすでに共通した認識です。明治の女子を代表するのがこのような婦人であってはなりません。恥ずかしいことだと思います」

あさは鋭い眼力で明を見つめ、瞬時たじたじとさせると、ぱっと笑顔になった。

「はぁ……あなたみたいな女の子が出てくるやてなぁ」

あさはまず、明が自分の意見を持ち、気後れせずに話ができることを評価した。

「平塚明さん。あなた、なんかひとかどのおなごはんになりはるかもわからしまへんなぁ。どうかこれからも思う存分学んでください」

（ノベライズ　下 290 - 291）

ここであさは自分が批判されていることに関心を向けるというよりも、女子学生の意見の率直な表明によって議論そのものが成立すること自体を喜んでいる。この事態について女子学生たちの対応は分かれたようである。

抗議した相手のあさから励まされるという形で面会を終え、明たちは表の道に出てきた。ゆかとのりは「面白いお方」とあさに好意的になったが、明だけが敗北感に打ちひしがれそうで余計に腹を立てている。

「ほんと傲慢な女！」

明が言い捨てたのを、表の道で多津子をあやしていた千代が聞きとがめた。／

「そうだすな。傲慢ゆうか大ざっぱゆうか……けど、そないな人が道なき道切り開いてくれたさかい、今そうやって女も自由な物言いができてるのかもわかりまへんな」

明は、千代があさの娘だとは知らないが、その言葉を聞いて冷静さを取り戻した。

「私、あの方を超える新しい女になってみせます」

平塚明、のちの平塚らいてうは、この七年後に雑誌『青鞜《せいとう》』を創刊し、その誌上で、「元始女性は太陽であった」と高らかに宣言することになる。そして、世に新しい女性の出現を主張し、数々の婦人運動に邁進していく。

（ノベライズ　下 291 - 292）

ここで平塚明は、あさの態度について傲慢であると批判している。これに対してあさは、明の物おじしない態度を肯定的に評価している。あさの場合、同じような態度をもって「学問」の欲求を貫いてきた。この点をめぐって、明があさの「学問」の欲求をどのように理解しているのかは不明である。しかし、明が成澤の本に啓蒙されたという点から見れば、明が同じく成澤の本に感動したあさと、とりわけ「人」の把握をめぐってそれほど遠い立場にはなかったと思われる。（文献資料14）

千代は平塚明のあさ批判に対しては、江戸時代との対比で道を開いたあさなどの先駆者を評価することで歴史的な視点から反批判する。身内をひいきするというのではないことはもちろんである。そうではなく、事柄の歴史的な認識の上になかなか知的で公正な態度をとっているのである。

PART VII

16　「お家を守る」という使命の達成についての自己評価

はつとあさはそれぞれの連れ合いを見送った後の人生について話す。実家の両親から与えられた「お家を守る」という課題について、商いから引退したあさの問いに、はつは「お家を守れた」と答える。ここでふたりは、これまでの生活において自分たちが使命を達成することができたのかどうかについていわば総括し自己評価している。そしてそれぞれの評価において人生を肯定しているのである。

「はつはあさが」商いをやめたことなどで、生活が一変したのではないかと気にかけている。

「あさは……これからどないしますのや？」

「女子の教育を進めていくゆう運動だけは……これからもしていけたらええなぁて、今は思てます」

あさに目指すところがあるのを確かめると、はつは頑張ってほしいと応援した。

「……なぁ、お姉ちゃん。うちら……あの日、お父はんお母はんに言われたみたいに……お家、守れましたんやろかなぁ」

あさが懐から、はつとおそろいの赤い守り袋を取り出した。

はつも、懐から守り袋を取り出してじっと見つめた。

「……へぇ、守れた思います。目の前の道、必死で歩いてきただけやけどな、それでも大事なもん慈しんで守ることができたんやないかてな」

「ほんまだすな。やっぱりお姉ちゃんはすごいわ」

「あんたかてそやったやんか。ようやったなぁ。よう頑張りましたなぁ」

あさとはつは、どちらからともなく手を取り合った。二人の手の中で、二つの守り袋が握りしめられていた。

あさもはつも、やりがいを持って生きている。子どもや孫もいる。これからも、よい人生を歩んでいこうと励まし合った。


和歌山に帰ったはつを、うれしい知らせが待っていた。養之助と節が二人目の赤子を授かったのだ。出産予定日は、みかん山が一番忙しい収穫期と重なっているという。

「へ？　やぁ、そやの？　フフフ。あ〜ぁ、もう。聞いてはりましたか？　旦那様」

はつが満面の笑みで、みかん山を見上げた。

（ノベライズ　下297 - 298）


ここでみかん山という身近なところに止まっている惣兵衛にはつは呼びかける。この呼びかけは「お家を守る」ことの到達点であると言えよう。

このようにドラマの時代に「お家を守る」という実家の両親の教えが一人ひとりの娘たちのほとんど一生を支配したことがあったということについて一つの例がドラマとして示されている。そしてさらに彼女たちがその教えを守りながらも、それぞれの仕方を作っていったことも描かれている。はつは惣兵衛と心の言葉を交わしつつ、みかん山を守り、新しい孫の誕生を待つ。またあさは「女子の教育を進めていくゆう運動」に携っていく。そこには女子大学校設立という願いを実現したあさがその後の歩みを何に求めていたのかが示される。

17　あさのその後の歩み——勉強会

あさが求めていたその後の歩みへの問いの答えは「勉強会」という形で具体化される。

春の訪れを待ち、あさの初の試みである勉強会が、白岡家の別荘で開かれた。勉強会といっても窮屈さはなく、ピクニック気分で木の下に集まり、宜や千代が料理を並べ、忠嗣の嫁・とわが／果物の差し入れを持ってきて、さちと娘たちが配るのを手伝った。

あさと成澤が姿を現すと、この日の話し手である、とわと宜が題目を伝えた。とわは西洋料理の研究について話し、宜は留学で見聞きした諸外国の女性について話すつもりだ。

まずは、あさの話からだ。昔は何をするにも不便だったが、今は電話も郵便も汽車もあり、便利な世の中になった。昔のほうがよかったなどとは思わないが、どこか生きづらい世になってしまったのはなぜなのか――。あさが話し始めると、女性たちが真摯に耳を傾けた。

「みんなが幸せになるための武器は、銃でも大砲でも悪口でもあらしまへん。人の気持ちを慮ることのできる優秀な頭脳と、柔らかい心、それさえあったらそれで十分なんだす」

宜、学生たち、さち、千代、とわ、成澤も、静かにあさの話を聞いている。

「若い皆さんは、これからどないな職業に就いても、家庭に入っても、その二つがあったら大いに人の役に立つことができます。日本どころか世界の役に立てることがこの先ぎょうさんありますのや。どうか、しょげてなんかいてんと、よう学んで、頑張っとくなはれな」

あさが話し終えると、女性たちから感動の拍手が沸き起こった。

あさは学ぶことのすばらしさを、一人でも多くの人に伝えていきたい。幼い頃から「なんでどす」が口癖だった。納得できるまで聞き続ける。そこで得た知識がどんどん広がり、実を結び、学ぶことの喜びを知った。商いにおいても同じだ。

誰かに「なんでどす」と聞かれたら、柔らかい心で接し、そうして学んだことを教えてあげられたらいい。

日の出女子大学校の祝辞でも述べたように、学問というのは特別なものではない。／一人一人が学んだことが、柔らかい力となって、平和な世の中がつくられていく。しかも、柔らかい心ということでは、女性のほうが男性よりもその能力を発揮しやすい。

時には、新次郎のように、男性であってもあさよりずっと柔らかい人もいる。あさが実業家として仕事を続けられたのは、ひとえに新次郎の理解と支えがあったからだ。

あさは生きているかぎり何かを学び続け、それが次の世代で誰かの役に立つように力を尽くしていきたいと思っている。

（ノベライズ　下299 - 301）

「女子大学創設までの道のり」（メモリアルブック100参照）のその先へ

ドラマでの「勉強会」とは、あさが設けたものである。この会において目指されるのは、女子高等教育のための女子大学校の設立を前提としつつ、いわばさらにその先にある。それは女子大学校での「教育」において得られた一人ひとりの成果を自分の人生の中で具体化することであろう。そのことのための交流の場として、この会は設けられた。そこでは、交流を通じて、一人ひとりが自ら受けた「教育」の成果の上に立って、自分自身をさらに「学問」の場に置き続けるということである。そこで展開されるのは、いわば〈自己教育〉の永久運動である。「人として教育」された「女子」がその「教育」の後もなお自己自身を「教育」していくのである。

一般に「教育」においてよくイメージされるかもしれないことは、教育する側と教育される側とが分離しているように思われるということである。これに対して、ここでは参加者たちが同時に両者であり、相互に交換しつつ、全体として形成されていく。一人ひとりの参加者たちがそこにおいて交流の中で相互に自己を形成する。つまり、自己が自己を教育するのである。ここでは〈自己教育〉とは自己目的になった「学問」の営みである。そして「学問」自体が参加者たち一人ひとりのそれぞれの仕方で追求されるであろう。

女子大学校設立という目標を実現した後にも、言うまでもなく女子高等教育をより充実したものにしていくための運動は続いていく。そしてそのことに並行して一人ひとりは、この運動の内容をそれぞれの仕方で追求する。それは、それぞれの生き方、あるいは人生そのものである。すなわち、「人」として教育された者がさらに「人」であることを広げ深めるのである。この点について考え、実行したところにあさの独自の貢献がある。

（文献資料15）（註10）（註11）（註12）（註13）

話し終えたあさがふと遠くに目を向けると、人影が見える。あさはその人影の方へと向かう。あさの手には杖がある。しかし、あさは駆け出す。杖を捨てて……そして、洋装姿の（年配の！）あさがいつの間にか着物姿の若々しいあさに変っている。あさを待ち受けるのは、いつもの着物姿は変わらないが、若い――ただし、チョンマゲ頭のではなくて、ザンギリ頭の（おそらく千代誕生あたりの）――新次郎である。ふたりは手を取り合って、毎日そうしているような（？）会話を交わす。

新次郎　「ご苦労さん。今日もようがんばってはりますな」

あさ　「へぇ、旦那様」

ふたりは、あたり一面に咲いている菜の花に囲まれている。

(ドラマ最終回映像による。玉木61をも参照)

これはどこまでも美しいシーンである。このシーンに対しては、さすがのあさも「なんでだす?」とは問わないであろう。というのも、あさは当のシーンにおいて新次郎との再会をひたすら楽しんでいるだろうからである。しかし、われわれ視聴者はあさに代わり、彼女の「学問」の精神にしたがって、これをどのように理解したらよいのかと問わざるを得ない。

これは現実というものから離れた一つのファンタジーかもしれない。しかし、それは何の根拠もないものではなくて、そこには現実を超えて何か人間の真実の姿、根源的な存在が捉えられているのではないだろうか。

ここで本書の範囲を越える問題にごくわずかではあるが触れなければならない。それはドラマの中で描かれた何人もの登場人物の生と死の問題である。ホームドラマである以上、そこで生と死が描かれて当然であろう。しかし、ではこのこととの関わりにおいて当のシーンはどのように捉えられるべきなのだろうか。

人間の生と死についてドラマの中で一つの捉え方が示されている。それは新次郎が聴く成澤の言葉においてである。

「近頃は、近しい人がどんどんいてへんようになってしもて……ま、もう自分の年考えたら当たり前のことだすけどな」

「……私にとっては生と死というのは、あまり違いはないのです」／

成澤はあまり口外していないが、女子大学校創立の運動中に大事な人を亡くしたという。

「しかし、生があるから死があり、死があるから生がある。この二つは、常に一つのリズムとして我々の日常を流れている。またこの体はただの衣服であり、本当の体はもっと奥にある。そしてそれは……永久に滅びません」

成澤の死生観は、新次郎にとって新鮮な驚きだった。


（ノベライズ　下 276 - 277）


最後のシーンのあさと新次郎のふたりは、この「奥」にある「本当の体」のふたりなのかもしれない。そしてそれは「永久に滅」ぶことのないものなのであろう。この「本当の体」が「生と死」の「リズム」で流れる「我々の日常」は、それぞれの人間の「生と死」をなす。その中でそれぞれの人間同士が出会い、お互いの「本当の体」を認め合う。そのとき、人間たちは「人」であることに、したがって自分が自分であることに到達する。「学問」の営みは、それぞれがこのような「本当の体」であることを見出させるであろう。

もしそうであるとすれば、そこには出会ったふたりにとっての相互の関係の根源的な在り方が示されている。つまり、ここで、ふたりそれぞれにとってのお互いの存在の意味が明らかになる。そしてそのことを介して、それぞれはそれぞれの根源的な存在の意味に触れるのである。

あさが「人」であること、あるいは自分が自分であることとは、新次郎との関係のうちではじめて可能になる。これは新次郎にとっても同様に言えることである。新次郎にとってはあさとの関係のうちではじめて同じく「人」であること、自分が自分であることが可能になるのである。ここにはふたりの「愛」がある。(註14)(しかしこの点については本書の範囲を越えており、ここでは述べることができない。)

そしてこの関係によって、あさは少女のころからの「学問」の欲求を満たすことができるであろう。というのも、あさにとって「学問」の欲求とは「人」であること、自分が自分であることの欲求だからである。そして女子高等教育はあさ自身には経験することができなかった「学問」の追求を後の世代の女性たちに可能にするものであろう。そして彼女はこれらの女性たちとともに学ぶために「勉強会」をつくり、女子高等教育のその先へと「学問」を追求した。新次郎は、その死においても生においてそうであったのと同様に、つねにあさのそばにいて、そのようなあさの頑張りをねぎらうわけである。このようにいつも新次郎からねぎらわれることで、あさは「学問」によって到達する境地をその生のうちでさらに楽しむことができるであろう。新次郎は、「学問」の代りにその多彩な趣味たとえば茶道・謡・三味線を楽しむとともに、「学問」を追求するあさの姿を見守ることで楽しんでいるのではないだろうか。ここにふたりの「本当の体」があり、ふたりのつくる「リズム」は「永久」に続いていく……。

「本当の体」とは「学問」の営みにおいて示される「人」であること、自分が自分であることに合致するであろう。「学問」の営みが世代を超えて続けられることを理念的に把握するならば、そのことのうちに「本当の体」による「永久」の「リズム」は見出されるであろう。一人ひとりの「学問」の営みは、たとえばあさのそれは、世代を超えて続けられることの一つの要素となるであろう。したがって、それは「学問」の営みの理念的な把握としての「本当の体」による「永久」の「リズム」の一つの要素であることになるだろう。そして一人ひとりを「本当の体」に向かわせるものこそ「人の気持ちを慮ることのできる優秀な頭脳と柔らかい心」であろう。それらをもつことによって一人ひとりにとって「人」であること、自分が自分であることが可能になるのではないだろうか。

文献資料

文献資料1　「特別」なものではない「学問」と「実学」としての「学問」

ドラマのヒロインあさの、「学問」とは「特別」なものではないという考え方は、福沢諭吉（一八三四〜一九〇一）における「実学」としての「学問」という考え方と近いものを感じさせる。後者は明治時代初期の「実学」重視の論拠を明快に指摘している。

学問とは、ただむつかしき字を知り、解し難き古文を読み、和歌を楽しみ、詩を作るなど、世上に実《じつ》のなき文学を言うにあらず。これらの文学も自《おの》ずから人の心を悦《よろこ》ばしめ随分調法なるものなれども、古来世間の儒者和学者などの申すよう、さまであがめ貴むべきものにあらず。古来漢学者に世帯持の上手なる者も少なく、和歌をよくして商売に／巧者なる町人も稀《まれ》なり。これがため心ある町人百姓は、その子の学問に出精《しゅっしょう》するを見て、やがて身代《しんだい》を持ち崩すならんとて親心に心配する者あり。無理ならぬことなり。畢竟《ひっきょう》その学問の実に遠くして日用の間に合わぬ証拠なり。されば今かかる実なき学問は先《ま》ず次にし、専ら勤むべきは人間普通日用に近き実学なり。譬《たと》えば、いろは四十七文字を習い、手紙の文言《もんごん》、帳合《ちょうあい》の仕方、算盤《そろばん》の稽古、天秤《てんぴん》の取扱い等を心得、なおまた進んで学ぶべき箇条は甚だ多し。地理学とは日本国中は勿論《もちろん》世界万国の風土道案内なり。究理学とは天地万物の性質を見てその働きを知る学問なり。歴史とは年代記のくわしきものにて万国古今の有様を詮索《せんさく》する書物なり。経済学とは一身一家の世帯より天下の世帯を説きたるものなり。修身学とは身の行いを修め人に交わりこの世を渡るべき天然の道理を述べたるものなり。これらの学問をするに、いずれも西洋の翻訳書を取調べ、大抵の事は日本の仮名にて用を便じ、或いは年少にして文才ある者へは横文字をも読ませ、一科一学も実事を押え、その事に就《つ》きその物に従い、近く物事の道理を求めて今日の用を達すべきなり。右は人間普通の実学にて、人たる者は貴賤上下の別なく皆悉《ことごと》くたしなむべき心得なれば、この心得ありて後に士農工商各々その分を尽し銘々の家業を営み、身も／独立し家も独立し天下国家も独立すべきなり。

（福沢、学問 12-14）

ここに登場する「普通」という規定は「実学」に結びつけられている。このことをめぐってドラマの時代には成瀬仁蔵における「普通教育」の場合のように、むしろ「実学」とは別の次元で「普通」の規定が登場している（文献資料９参照）。

古代漢語における「学」の語源・語義、日本古語における「まなび」「まねび」の語源・語義は本書に関わるかぎりで次の通りである。

【学】ガク

語源［コアイメージ］二つのものが交わる。［実現される意味］まなぶⓐ。〔英〕learn［…］／［…］

語義［展開］まなぶ意味ⓐから、学ぶ内容（知識の体系）の意味ⓑ［…］に展開する。［熟語］ⓐ学習・勉学・ⓑ学識・学問［…］〔英〕learn; learning, scholarship, knowledge［…］

（加納2014：152-153参照）

まな・び【学び】《マネ（真似）と同根。主に漢文訓読体で使う語。教えられる通りまねて、習得する意。［…］》①（師や書物に）教えられるままに習得する。〔用例省略〕②そっくりまねる。〔用例省略〕（古語辞典1198参照）

まね・び【学び】《マネ（真似）と同根。興味や関心の対象となるものを、そっくりそのまま、真似て再現する意》①（相手の言ったことを）そっくりそのまま言う。口まねをする。〔用例省略〕②見聞きしたことをそのまま人に語り告げる。〔用例省略〕③教えを受ける。〔用例省略〕（古語辞典1198参照）

本ドラマでの「学問」という用語には「学ぶ内容（知識の体系）」を「まなぶ」という意味があるように思われる。「学ぶ内容（知識の体系）」も「特別」なものではないとされるが、「まなぶ」という根源的な営みから捉えるならば、「学問」とはそもそも「特別」なものではないであろう。そして本ドラマにおけるこの営みは日本古語の語感に比べ、より積極的で主体的な態度を意味するように思われる。

文献資料2　広岡浅子と「学問」との関係

広岡浅子（一八四九〜一九一九）は自伝（「七十になるまで――緒言に代えて」『一週一信』（一九一八（大正七）年）、復刊11-30）の中で、生い立ちについて語りつつ、彼女にとって「学問」との関係がどのようなものであり、とりわけ「学問」の禁止がどれほど大きな問題であったかを述べている。

私は今から七十年前、即ち嘉永《かえい》二年、京都油之小路出水《あぶらのこうじでみず》の三井家に生まれました。当時の女子は「幼《よう》にしては父母に従い、嫁《か》しては夫に従い、老いては子に従う」という儒教の教えを理想として教育されましたから、学問よりも、一家を持って必要な裁縫、人に仕える礼儀、夫、老人を楽しませる遊芸を仕込むことを主要なこととされておりました。私もその例に洩れず、日々裁縫、茶の湯、生花、琴の稽古などを強いられました。これより先二歳という、まだ片言《かたこと》も言い初《そ》めぬ間《ま》に〔しかも私が片言を話しはじめた二歳のときには〕、早くも大阪の広岡家に許嫁《いいなづけ》の身となりました。これは当時重縁《じゅうえん》といって、縁家同志の結婚を喜びましたが、私のもこの重縁のために、早く取り定められたのでした。

徳川三百年の大平を夢みた日本も、維新の大改革を前に控えて風雲ただならぬ頃、一時諸大名は国事のため京都に多く入り込みました。家々は互いに同居してこれらの人々に居宅を与えなければならぬこととなり、私の家にも一、二の親戚を寄寓《きぐう》させるようになりました。かような間にも私の兄弟や従兄弟らは、学問を一時も怠ってはならぬと、指導を受／けておりましたが、傍らに見ている私は、女なるが故に学問は不要だと言われるのを、つくづく残念に思いました。それで人知れず四書五経《ししょごきょう》の素読《そどく》に耳傾けては学問に非常なる興味を持つようになりましたので、家人は大いに心配して、厳重な制裁を加え、私の十三歳の頃読書を一切禁ずるようにと申し渡されました。しかし圧迫ますます強ければ、これを打ち破らんとする精神はいよいよ固く「女子といえども人間である。学問の必要がないという道理はない、かつ学べば必ず修得せらるる頭脳があるのであるから、どうかして学びたいものだ」と考えました。ようよう物の道理をわきまえる頃になっては「女子を器物同様に、親の手から夫の手に渡すということは、何という不当なことであろう」と、当時の結婚法などについても、慨嘆《がいたん》いたすようになりました。

（広岡、復刊 12－13、〔 〕＝超訳8）

事柄は重なるが、浅子は子どもの頃の事情について、そしてその事情をめぐってそのころ考えたことについてより詳しく語っている。

だいたい私は十三の頃から、女子ということについて一つの考えを抱いていました。それはどういうことかお話ししましょう。

私の兄弟は女子が二人と男子が三人でしたが、その頃は女子の教育といえば、琴《こと》と三味線《しゃみせん》と習字ぐらいのものでした。そして少し年をとると、ただただ裁縫《さいほう》をするのです。

しかし私はずいぶんおてんばで、そういう稽古《けいこ》はみな嫌いでした。その一方／で男兄弟が勉強していた四書《ししょ》の読書がしてみたいと思っていました。

それでときどき、弟たちの書物を借りて、大学や論語を読んでいたのです。もっとも訳は分からない……ただ素読のまねをするのです。

すると、両親やら伯父さん、伯母さんたちがそれを知りまして、そんな男のすることをまねてはいけませんと、たびたび小言を聞かされました。

そのときにはじめて、私は女のことについて考えました。

なぜ、女は男のすることをしてはいけないのかと考えれば考えるほど、一向に訳が分かりません。

そればかりでなく、かえって男のすることでも、女がしてもいいことがたくさんあるという確かな理由を見出しました。

その理由は、男女は能力や胆力においては特別の相違はありません。それどころか、女子は男子にさほど劣らないと思いました。

しかし、それを両親や伯父様、叔母様に言うことは無理であると思いました。／

それから、大阪に嫁ぎましてから、だんだん年月を経て、種々の境遇に出会うなかで、おおいに女子教育が必要であることを感じました。

すなわち、女も人であれば社会を形成する一員であります。それを人として教育しないことは間違いだ、ということです。

昔から国の存亡興廃の跡を尋ねてみると、女子のつまらない国は衰えます。

それにもかかわらず、我が国の女子教育の現状は、女子を人として、また婦人として教育するのではなく、ただこれを一つの器物として、厄介物として、取り扱っています。

私はこれを見るたびに、国家が母たる女子を養成するにあたって、このようなありさまでは、とうてい国家の発展も覚束ないとため息をつき、常にそのことを口にしていました。（広岡「私と本校の関係を述べて生徒諸子に告ぐ」『学報』（日本女子大学　第一号　一九〇三年）、超訳 101 - 103）

文献資料3　広岡浅子の「学問」追求

この部分については、あさのモデルになった広岡浅子自伝の記述にしたがえば、もともと浅子は結婚以来、家業にとって必要になるかもしれないと、自分なりに「学問」を進めていたようである。このようになるきっかけは、夫信五郎が家業に関わることなく、遊んでいるように見えたことにある。浅子の考えでは、「家」はそのままでは生き残ることがむずかしいと感じたというのである。

今日の言葉をもって言えば〈自覚〉した私が、感ずること多かりし両三年は夢の間《ま》に過ぎて、十七歳の春を迎えました。この年、かねての婚約なればとのことに〔婚約していてこの年齢になったからには〕、広岡家に嫁《とつ》がねばならぬこととなりました。そして何事も人に運命を作られていく女の哀れな境遇／を、いっそう痛切に感じました。嫁《か》してみれば、富豪の常として主人は少しも自家《じか》の業務には関与せず、万事支配人任せで、自らは日毎、謡曲《ようきょく》、茶の湯等の遊興《ゆうきょう》に耽《ふけ》っているという有様であります。この有様を見た私は、「かくては永久に家業が繁昌するかどうか疑わしい。一朝事《いっちょうこと》あれば〔もし何かあったら〕、一家の運命を双肩《そうけん》に担って自ら起《た》たなければならぬ」と意を決し、その準備に努めました。それで簿記法、算術、その他商業上に関する書籍を、眠りの時間を割いて夜毎《よごと》に独学し、一心にこれが熟達を計りました。（広岡「七十になるまで――緒言に代えて」、復刊 13–14。〔 〕＝超訳 (1)）

文献資料4　広岡浅子の実業界への進出

広岡浅子は自伝のなかで明治維新との遭遇が自分の実業界への進出のきっかけであったことを述べている。

二十歳にして俄然《がぜん》維新の変革に遭《あ》いました。時に大阪一般の富豪は、財界の大動乱のため、大《だい》なる困難に遭遇《そうぐう》いたしました。かねて危急の場合に備えたはこの時〔備えていたのはこの時のためだ」と、一族のため重大なる家政の責任を一身に担い、奮然起《た》って事業界に身を投じました。（広岡「七十になるまで――緒言に代えて」、復刊 14。〔　〕＝超訳 12）

文献資料5　福沢諭吉の人間平等観

まず、福沢の当の言葉を引用する。

天は人の上に人を造らず人の下に人を造らずと言えり。（福沢、学問 11）

この言葉によって「人」の社会的関係は平等であるべきものとして捉えられている。その「人」の規定は「万物の霊」として捉えられている。

されば天より人を生ずるには、万人は万人皆同じ位にして、生まれながら貴賤《きせん》上下の差別なく、万物の霊たる身と心との働きをもって天地の間にあるよろずの物を資《と》り、もって衣食住の用を達し、自由自在、互いに人の妨げをなさずして各々安楽にこの世を渡らしめ給うの趣意なり（福沢、学問 11）

「万物の霊」という点では主に動物との対比で人間が捉えられている。

そもそも人を万物の霊というは何ぞや。人間を天地間の万物に比較して、就中《なかんずく》その精神を禽獣《きんじゅう》の心に比較して、一種特別、霊妙不思議の点あるが故なり。（「智徳の独立」福沢、家族 26）

これを人間中心主義という視点として批判的に捉えることもできようが、ここではそれには触れない。「人」の平等が捉えられているということを確認するにとどめておく。

文献資料6　福沢諭吉の男女平等観

福沢は「人」の規定において男女平等であるとする。

そもそも世に生れたる者は、男も人なり女も人なり。この世に欠くべからざる用をなすところをもって言えば、天下一日も男なかるべからずまた女なかるべからず。（福沢、学問 90）

この点は『日本婦人論　後編』（一八八六（明治一八）年）で詳細に論じられている。

男女格別に異なる所はただ生殖の機関のみ。これとても双方ただその仕組みを異にするまでにて、いずれを重しとし、いずれを軽しとすべからず。そのほかは耳も目も鼻も口も、手足の働き、臓腑の釣合《つりあい》、骨の数、血の運動等に至るまでも、すべて体質《からだ》に微塵《みじん》の相違なきのみか、その心の働きにおいてもまさしく同様にして、男子の為《な》す業《わざ》にて女子に叶《かな》わざるものなし。(『日本婦人論後編』、福沢、家族 50)

「万物の霊」の視点から男女の平等は当然とされよう。

されば男女の釣合は、その体質《からだ》においても、その心の働きにおいても、異なる所は更になくして、まさに平等一様のものたるは争うべからざるの事実ならん。人は万物の霊なりといえば、男女共に万物の霊なり。男子なくしては国も立たず家も立たずといわば、女子なくしてもまた国家あるべからず。いずれを重しとし、いずれを軽しとすべきや。吾々の目を以てすれば、何様《なによう》に見てもその間に軽重貴賤の差別あらんとは思われず。(同、福沢、家族 51)

その根本規定の上に、社会的な関係における「人」について、あるいは「人」の社会的な関係の在り方が問われる。そのかぎりで「人」の概念規定はそれ自体としては分節されてはいない。

文献資料7　渋沢栄一による「信」の主張

渋沢栄一（一八四〇～一九三一）は（戦争というような事態にあっても）商業においては「信」をどこまでも主張する。

戦争のごとき事変の勃発《ぼっぱつ》には、かつて想像したものに違却を生ずることはあるが、およそ人の世に処するには、相当の趣味と理想とをもって道理から割り出して進むのが必要であると思う。ただその間に、いわゆる商業の徳義はどうしても立て通すようにして、最も重要なるは信である。この信の一字を守ることができなかったならば、われわれ実業界の基礎は鞏固《きょうこ》ということはできないのである。（「道理ある希望を持て」、『論語と算盤』155）

古代漢語・日本古語における「信」の語源・語義は本書に関わるかぎりで次の通りである。

【信】シン

語源［コアイメージ］スムーズに進む（通る・伝わる）。［実現される意味］内容が確かではっきりしている（うそ・偽りがない、まこと）ⓐ。［英］truthful［…］

語義［展開］うそ・偽りがない意味ⓐから、まことに（本当に、確かに）の意味ⓑ、確かだと受け取って疑わない意味ⓒに展開する。［…］［英］truthful, true; indeed; believe, belief, faith, trust, confidence［…］［熟語］ⓐ信義・不信・ⓑ信賞必罰・ⓒ信用・信頼［…］

（加納 2014：691 参照）

しん【信】①疑わず、かたく信頼すること。また、その心。②信心。信仰する心。③儒教で説く五常の一。いつわらない心。まこと。信義。

（大野ら編 1974：677 - 678 参照）

本ドラマで登場するのは「信用」「信頼」である。それは、あくまで「確かだと受け取って疑わない」という意味で、商業上の活動においてどこまでも主体の態度を問う厳しいものなのであろう。日本語では古語以来、そのような意味を含んでいるように思われる。

文献資料８　「女大学」における「学問」の内容

一般にこのドラマの描く時代には「学問」というものが「女子」には一定の形に制限されていた。このことは、「女大学」の基になったと考えられる貝原益軒（一六三〇〜一七一四）の言葉に見られる。以下、諸「女大学」における「学問」の内容を取り上げよう。

「女子《じょし》を教《おし》ゆる法《ほう》」〔貝原益軒《かいばらえきけん》『和俗童子訓《わぞくどうじくん》』巻之五〕〔宝永七（一七一〇）年撰。出版年不明。（出版年等は編者による。西暦は引用者。以下同じ）〕

8　七歳より和字《かな》をならわしめ、又おとこもじ（漢字）をもならわしむべし。淫思《いんし》なき古歌（一）を多くよましめて、風雅の道をしらしむべし。是また男子のごとく、（二）はじめは数目《かずめ》ある句、みじかき事ども、あまたよみおぼえさせて後、『孝経』の首章、『論語』の学而篇《がくじ》、曹大家《そうたいこ》が（三）『女誡』などをよましめ、孝・順・貞・潔の道をおしゆべし。十歳より外にいださず、閨門の内にのみ居て、織り・縫い、紡《う》み・績《つむ》ぐわざをならわしむべし。かりにも、淫佚《いんいつ》なる事をきかせ、しらしむべからず。小歌（四）・浄瑠璃（五）・三線《さんせん》の類、淫声《いんせい》をこのめば、心をそこなう。かようの、いやしき誑《たぶ》れたる事を以て女子の心をなぐさむるは、悪しし。風雅なるよき事をならわしめて、心をなぐさむべし。此の比《ころ》の婦人は、淫声を、このんで女子に教ゆ。是れ甚だ風俗・心術（へいぜいの心がまえ）をそこなう。いとけなき時、悪しき事を見聞き、習いては、早くうつりやすし。女子に見せしむる草紙（六）をもえらぶべし。いにしえの事、しるせるふみの類《るい》は害なし。聖賢の正しき道を教えずして、戯《ざ》ればみたる小うた・浄瑠璃本など見せしむる事なかれ。又、『伊勢物語』『源氏物語』など、其の詞《ことば》は風雅なれど、かようの淫俗《いんぞく》の事をしるせるふみを、はやく見せしむべからず。又、女子も、物を正しくかき、算数をならうべし。（七）物かき・算をしらざれば、家の事をしるし、財をはかる事あたわず、必ずこれを教ゆべし。

注一　みだらな心ざまにいざなわない古歌。益軒によれば、『万葉集』『古今和歌集』などに採られ／ている名高い相聞歌も、『淫思の古歌』にかぞえられる。

二　本書（『和俗童子訓』）「巻之三」において、男児の成長段階に則して課すべき教材・教科書とその学習順序、指導法について、こまかく論じている［貝原 240 - 253。巻之四、同 254 - 263。石川謙・解説、同 300 - 309

参照」。女児の場合も、男児同様とすべきだと諭しているのは、女子教育思想史のうえから注目すべき点としなければならない。

三　寝所の入り口の戸。ねやのうち。一家の奥。ここでは「家庭」の意。［…］

四　室町時代の中ごろ以後、民間から発生した時世風の流行歌謡。［…］

五　平曲・謡曲などを源流とし、おもに琵琶や扇拍子を用いて、ひろく民衆のなかにむかえられた新音曲のなかで［…］「浄瑠璃」が［…］一般名称となった。［…］益軒はじめ当時の儒者の多くは、前項の小歌とともに浄瑠璃を、教育上有害なものとして、排している。

六　ここでは、「お伽草紙」をさすものであろう。

七　女児も算数を手習うべきだ、とするのは、時代に先行する益軒の卓見である。

（女大学集 11－12）

引用において指示された文献および関連する編者注を挙げる。

『孝経』の首章

開宗明義《かいそうめいぎ》章（宗《もと》を開き義を明らかにするの章）第一

（一）仲尼《ちゅうじ》居《やす》く、曾子《そうし》侍《じ》す。子《し》曰《いわ》く、先王《せんのう》至徳《しとく》の要道《ようどう》有《あ》りて、以《もっ》て天下《てんか》を順《おさ》む。民用《もっ》て和睦《わぼく》し、上下《しょうか》怨《うら》み無《な》し。汝之《なんじこれ》を知るか、と。

〈現代語訳〉

老先生（孔子《こうし》）がゆるり悠々《ゆうゆう》としておられ、曾《そう》先生がそのお側に控えておられたときのことである。老先生がおっしゃられた。「古《いにしえ》の王者は、孝《こう》〔・悌《てい》〕とい／う正道を体得して、それによって天下を統治したのである。だから、〔共同体や横の関係の〕人々はお互いに親しく、また〔組織の〕上下関係においても円満だったのだ。お前はこのわけが分かっておるかの」と。

（二）曾子《そうし》　席を避《さ》けて曰《いわ》く、参《しん》や敏《と》からず、何《なん》ぞ以《もっ》て之《これ》を知《し》るに足《た》らん、と。子《し》曰く、夫《そ》れ孝《こう》は、徳《とく》の本《もと》なり。教《おし》えの由《よ》りて生《しょう》ずる所《ところ》なり。復《かえ》り坐《お》れ。吾《われ》汝《なんじ》に語《つ》げん、と。

〈現代語訳〉

曾先生は起ち上がり席を退《すさ》っておっしゃった。「私め、愚《おろ》かで、とても分かりませぬ」と。老先生は「えーっと、孝は人の道（ありかた）の根本ぞ。この孝からすべての教えが生まれてくるのじゃ。まあ、席に坐《すわ》れ。お前に話して聞かせようぞ」とおっしゃられた。〔これ以下、最後までのすべては老先生が曾先生に講義された内容である。〕

（三）身《しん》・体《たい》・髪《はつ》・膚《ぷ》、之《これ》を父母《ふぼ》に受《う》く。敢《あ》えて毀傷《きしょう》せざるは、孝《こう》の始《はじ》めなり。身《み》を立《た》て道《みち》を行《おこな》い、名《な》を後世《こうせい》に揚《あ》げ、以《もっ》て父母《ふぼ》を顕《あら》わすは、孝の終《お》わりなり。夫《そ》れ孝は／親《おや》に事《つか》うるに始まり、君《きみ》に事うるに中《なか》ごろし、身を立つるに終わる。〔…〕

〈現代語訳〉

人の身体《からだ》は、毛髪や皮膚に至るまで、すべて父母からいただいたものである。これを大切に扱い、たやすく損なったり傷つけたりなどしてはならない。それが孝の実践の出発である。そのように孝を第一として実践するならば、りっぱな人という評判を得、その名を後世に伝えることができ、父母の誉《ほま》れとなる。それが孝の実践の完成というものである。さて、人は子どものころ親にお仕《つか》えすることから始まり、中年になると、社会において〔親に対してお仕えする気持ち、態度で〕君主にお仕えし、〔老年に至るまで〕孝の実践を続けることによって父母や祖先に栄誉を／贈る生涯となる。［…］

（孝経 18–19、24、25–27）［孔子（前五五二（一説に前五五一）～前四七九）］（人名辞典 945 参照）

［曾子（前五〇六（〇五）？～前四三六？）］（人名辞典 1503 参照）

『論語』学而［篇］第一

一　子《し》曰《いわ》く、学《まな》びて時《つね》に之《これ》を習《なら》う。亦説《またよろこ》（悦）ばしからずや。朋《とも》遠方《えんぽう》自《よ》り来《き》たる有《あ》り。亦楽《またたの》しからずや。人《ひと》知《し》らずして慍《いか》らず。亦君子《くんし》ならずや。

〈現代語訳〉

老先生は、晩年に心境をこう表わされた。〔たとい不遇なときであっても〕学ぶことを続け、〔いつでもそれが活用できるように〕常に復習する。そのようにして自分の身についているのは、なんと愉快ではないか。突然、友人が遠い遠いところから〔私を忘れないで〕訪ねてきてくれる。懐《なつか》しくて心が温かくなるではないか。世間に私の能力を見る目がないとしても、耐えて怒らない。それが教養人というものだ、と。

（論語 17）

二　有子曰《ゆうしいわ》く、其《そ》の人《ひと》と為《な》りや孝弟《こうてい》にして、上《かみ》を犯《おか》すを好《この》む者《もの》は鮮《すく》なし。上を犯すを好まずして、乱《らん》を作《な》すを好む者は、未《いま》だ之《こ》れ有《あ》らざるなり。君子《くんし》は本《もと》を務《つと》む。本立《た》ちて道生《みちしょう》ず。孝弟《こうてい》は其《そ》れ仁《じん》の本為《た》るか。

〈現代語訳〉

有《ゆう》先生の教え。その人柄が、父母に尽くし兄など年長者を敬うような場合、反逆を好むというような人間は少ない。反逆を好まない人柄であって、にもかかわらず反乱をしたがるというようなことは、絶対にない。教養人は、〈人間としての根本〉の修養に努力する。なぜなら、根本が確立すると、生きかた（道）が分かるからだ。父母に尽くし目上を敬うこと、／すなわち〈孝弟〉が、〈仁〉すなわち人間愛という生きかたの根本なのだ。

（論語　18－19）［有子（前五一九（一八）～？）］（人名辞典 2951 参照）

曹大家：班昭。「後漢の女流文学者（?～一二六）。和帝の詔により、兄の班固が未完のままに遺した『漢書』を補修完成した。また、皇后・貴人の師となって『女誡』（七編）をあらわし、後世の女子教育思想に大きな影響をあたえた。」（編者注、女大学集9）［益軒は「敬順の道は婦人の大礼なり」という句を引用して、女が敬＝つつしみ、順＝したがうべきことについての文献としている。同所参照］

実際の諸「女大学」では「学問」の内容には触れられず、益軒の叙述を簡略化した形で心構えが強調される。

ドラマでの「お家を守る」というテーマは「女大学」での「家を保つ」という規定に対応するであろう。

『女大学宝箱《おんなだいがくたからばこ》』〔享保元（一七三六）年〕

12　人の妻と成りては、その家をよく保つべし。妻の行ない悪しく放埒《ほうらつ》なれば、家を破る。万事倹《つづま》やかにして、費《つい》えを作《な》すべからず。衣服・飲食《いんしい》なども、身の分限にしたがい用いて、奢《おご》ることなかれ。（女大学集 50）

具体的に触れられている「学問」の内容は、きわめて限定されている。それがいわゆる「女大学」が「学問」の内容としてはどのようなものなのかを示しているのであろう。

『新撰女倭大学《しんせんおんなやまとだいがく》』〔洛北唱子《らくほくしょうし》編〕〔天明五（一七八五）年〕

8　常に見たまいて徳ある文《ふみ》は、「百人一首」『古今集』『伊勢物語』『源氏物語』『栄華物語』『倭《やまと》小学』（一）『本朝列女伝』（二）『姫鑑《ひめかがみ》』（三）『本朝孝子伝』（四）『堪忍記』（五）『鏡草《かがみぐさ》』（六）、清少納言の『枕草紙』の類を求め見たまうべし。

（女大学集 65）

注一　江戸時代前期の代表的な女子教訓書のひとつ。『大和小学』の書名、万治三年（一六六〇）。

二　劉向『列女伝』（中国）にならった、わが国の節婦・賢女についての女子教訓書。黒沢弘忠編、寛文三年

（一六六三）。
三　江戸時代前期の代表的な女子教訓書のひとつ。中村惕斎《てきさい》編、貞享四年（一六八七）序文、宝永六年（一七〇九）。
四　わが国の歴史の上で孝子として知られる七十一人の伝記。藤井懶斎《らんさい》編、貞享二年（一六八五）。
五　仮名草紙、寛文一年（一六六一）。『西鶴織留』、とくにその中の「本朝町人鑑」に強い影響をおよぼしたといわれる。
六　中江藤樹の女子教訓書。正保四年（一六四七）。後世、要旨のみを編集・刊行したものに『絵入女教訓文章』（元禄七年）、『女教訓』（享保一四年）がある。
（編者注をもとに簡略化して記す。女大学集 65−66 参照）

女一代道中絵図解（巻末）
一　夫《そ》れ女子は、幼きよりわけて育《はぐ》くみ大事にして、食い初め・髪置きも過ぐるより、手ならいに精を／出し、七歳にして男子と席を同じうせずして、女子の手ならうべき道をまなび、和歌・糸竹の道にもうとからず、もとより其のみぶんよき人といえども縫針など心がけなくては、男子の十露盤《そろばん》にうときに同じく、はずかしきことなり。［…］（女大学集 69−70）

「学問」の内容が具体的に示されるのは、明治に入ってからのようである。

『女黌必読 女訓《じょくん》』〔高田義甫《たかたぎほ》述〕〔明治七（一八七四）年〕

4　女の学に入るは、第一に家政を習い、次に窮理・歴史、又は文章・技芸などを学ぶべし。［…］（女大学集82）

註解

〔家政〕「家のまつりごととよみて、家を治むることをすべて云うなり。」（女大学集79）

〔窮理〕「もののことわりを、おしきわむる学文《がくもん》なり。」（女大学集83）

〔歴史〕「むかしよりの世のうつりかわりを書きしものを、れきしという。」（女大学集83）

〔文章〕「てをかき文をつづることなり。てがみなど書くこともこの内にこもれり。」（女大学集83）

〔技芸〕「いろいろのげいを云うなり。ひとつにきまりたるにあらず。」（女大学集84）

10　女は、諸芸に達し、博学多才なる者にても、経済治《おさ》まらざる時はその甲斐なし。記帳・算用することをよく学び置き、出納《でいり》を細かに記し、少しにても無益の事に財を費やすべからず。

註解〔記帳・算用することをよく学び置き〕皇国は古より、女子には縫針は可なり教うれども、手習い・十露盤《そろばん》をならわすもの曾《かつ》てなし。故に嫁いりして後、日々《にちにち》の台所の出入り勘定するものなく、その勘定出来ぬのみならず、却ってこれが為に不経済の基《もと》いとなるものなり。［…］（女大学集92）

次のものは女性にかなりの主体的な力量を認めている。

『近世女大学《きんせいおんなだいがく》』〔土居光華《どいこうか》編〕［明治七（一八七四）年］

第八章

婦は、其の子入校以前、其の子に自ら読書・算法及び裁縫〔ぬいもの〕等の業《わざ》を授くべし。然る時は、其の子入学の後、教師の力を費やさず多くの学課を学び得べし。故に女子は、幼時諸芸を学び、其の子の福祉〔さいわい〕を造り置かざるべからず。（女大学集112）

第十一章

婦人は、其の夫と力を戮《あわ》せ、勉《つと》めて夫の家業〔なりわい〕を扶助〔たすく〕すべし。夫もし不才にして一家の経済〔よわたり〕を処分〔きりもり〕する能わざる時は、婦担当〔うけもち〕してその任を負わざるべからず。〔…〕蓋《けだ》し、一家の産業を大にし一族の光栄〔さかえ〕を増す者は、多くは其の婦の器量に有り。仮令《たとい》夫如何程《いかほど》の器量有りとも、其の婦不才なる時は、決して一家の福利を生ずる事無き者なり。（女大学集113）

次のものには「女大学」に批判的な立場が明確に示されている。

『文明論女大学《ぶんめいろんおんなだいがく》』〔土居光華編〕［明治九（一八七六）年］

〔…〕女子は男子と違い学問はいらぬもの、技術は学ばずとも好《よ》きもの、只定家卿の「百人一首」

を誦し、この貝原先生の『女大学』を読み、舅姑の虐使と夫の圧制を甘んじ、能く人間本性の自由を失い奴隷の如きありさまにて此の世を過ごし、敢えて一点怨む所なしと云う亜細亜《あじあ》一派の修身学をおさめ、此の学科の卒業免許さえ得れば事足る者と心得べからず。

（女大学集 149）

次のものは「女大学」としてはその「学問」の内容を非常に詳しく述べている。

『新撰　増補　女大学《おんなだいがく》』〔萩原乙彦《はぎわらおとひこ》編〕〔明治十三（一八八〇）年〕

第三節

幼少にして学び記《おぼ》えべきは、手ならいに行儀作法、言葉づかいと物の名に雅俗尊卑のあるを知るべし。遊芸は好もしからねど、三絃《さみせん》もたしなみに学ばざるを得ざるべし。踊りは猥褻《わいせつ》の態《ふう》を倣《な》す、習うべき技《わざ》に非ずと雖も、身の態《ふり》を端《ただ》し詞《ことば》を爽やかにし人前《じんぜん》に憶せざれば、耽《ふけ》らぬまでに学ぶも可なる歟《か》。然も十／歳未満に在るべし。十歳已上は、綿を績《つ》み、糸を繰り機《はた》を織り、截ち縫い等を心得べし。且つ飯を焚《た》き飲食の調理方を心得べし。而して遊芸を嗜むべき余力《いとま》あらば、学ぶべきは歌・俳諧・香・茶の湯・煎茶・挿花《いけばな》・画《えが》く技《わざ》。傍《かたわら》読むべき書物の類は、『源氏』『狭衣《さごろも》』『伊勢』『大和』『宇治』『平家』の物語。『徒然草《つれづれぐさ》』は必ず看るべし。文字を記《おぼ》えて漢籍に渉《わた》らば、『列女伝』の類《たぐ》いと多かり。師に就いて授かるべし。（女大学集 157 - 158）

次のものには「学問」の内容がどのように運用されるかが述べられている。

『改正　女大学《おんなだいがく》』〔関《せき》葦雄《あしお》編〕〔明治十三（一八八〇）年〕

10　女子は朝早く起き、夜はおそく寝《いね》るをつねとし、白昼には眠るべからず。尤も家事にこころを用い、飲食・調理・衣服・裁縫・機織・養蚕、その他の女工《じょこう》をいとなみ、無益の舞い踊り・小唄《こうた》などの淫《たわ》れたることを見聴きすべからず。（女大学集173）

次のものには古いものと新しいものとの折衷が説かれている。

『新撰《しんせん》　女大学《おんなだいがく》』〔西野古海《にしのこかい》著〕〔明治十五（一八八二）年〕

1　婦人のことは閨門《けいもん》を出ず、男子《なんし》の外《ほか》を営むとは大いに事ことなれば、貞順の徳、不弐の志かたく、家政〔しんしょうもち〕をよく治むれば、其の余の学問は人々の心によることにや。〔…〕開化の今日にては、女子とても学問なくては得あるまじく、文明の国々にては幼少より学校に入りて女の道を学び得し後ならでは、親たるものも婚姻を許さぬといえり。誠にさもあるべきことなる故に、今ひらけたる国の教えと古人の教えとを折衷〔とりあわせ〕して、専ら女子の訓誡《おしえ》となさむとす。世間《よのなか》の女子奚《ここ》によらば、婦人の道に於いて少しの過ちもなからんかし。（女大学集186）

福沢諭吉によって「女大学」が根底から批判され、さらに新しく『新女大学』が提示される。

『女大学評論《おんなだいがくひょうろん》新女大学《しんおんなだいがく》』〔福沢諭吉《ふくざわゆきち》著〕〔明治三二（一八九九）年〕

女大学評論

〔『女大学宝箱』12に対して、前掲参照〕

12 〔…〕今日人事繁多の世の中に一家を保たんとするには、仮令《たとい》直ちに家業経営の衝に当らざるも、其の営業渡世法の大体を心得て、家計の方針を明らかにし其の真面目を知るは、家の貧富貴賤を問わず婦人の身に必要の事なりと知るべし。是が為には、娘の時より読み書き双露盤《そろばん》の稽古は勿論、経済法の大略を学び、法律なども一通り人の話を聞いて合点《がてん》する位の嗜みはなくては叶わず。遊芸・和文・三十一文字《みそひともじ》などの勉強を以て女子唯一の教育と思うは、大なる間違いなる可し。〔…〕（女大学集234）

新女大学

5 〔…〕殊に我輩が日本女子に限りて是非とも其の智識を開発せんと欲する所は、社会上の経済思想と法律思想と此の二者に在り。女子に経済・法律とは甚だ異なるが如くなれども、其の思想の皆無なるこそ、女子社会の無力なる原因中の一大原因なれば、何は扨置き、普通の学識を得たる上は、同時に経済・法律の大意を知らしむること最も必要なる可し。之を形容すれば、文明

女子の懐剣と云うも可なり。（女大学集252）

文献資料9　成瀬仁蔵『女子教育』における「人」の規定

成瀬仁蔵（一八五八〜一九一九）は『女子教育』（明治二九［一八九六］年）において「専門様の実用教育」（成瀬36）の現状を踏まえつつ、それとは内容的に異なる立場をとる。すなわち、「普通教育」（成瀬38）という立場である。

今後日本の高等女子教育には、（第一）重きを普通教育に置くべし（成瀬38）

勿論普通教育に於ても、男は男らしく、女は女らしく、教育すべきは、当然なりと雖も、其の主眼たるや、学生をして只世渡りの道を知らしむるに非ずして、円満完備の人たらしむるに在り。只事を為すの機械たらしむるに非ずして、事を成し得るの人物たらしむるに在り。只智識を貯ふる書物箱たらしむるに非ずして、聡明なる知力を備へたる活人たらしむるに在り。之を要するに、総て心身の能力を十分に開発し、高尚有為の人たらしむるに在り。而して此の人たることは、境遇若しくは職業によりて変更するものに非ず。如何なる境遇又は職業にも、必ず欠くべからざる人生の本質なり。平時にも、戦時にも、必要なり。士農にも、工商にも、必要なり。豈に独り男

女性を異にするのみを以て、要不要の差別ありとするを得んや。（成瀬38）

ここで問われているのは、「普通教育」の目的をどのように規定するのかということである。「男」と「女」の両者がそれぞれ「男らしく」あるいは「女らしく」教育されるべきであることは「当然」のこととされた上で、それぞれの「らしさ」とは別のものが問われている。すなわち、そのようなものとは、両者の区別以前のもの、あるいは両者の共通性、両者がもともとそれであるもの、つまり「人」である。この「人」であることが「普通」のこととして捉えられ、そこへと向かうことが「普通教育」の目的とされるのであろう。

次いで問われているのは、一人ひとりが「人」であることそのこと自体において備えるべきことである。それは、それぞれの「人」としての資質である。それを少し言い換えると、その意味を次のように読むことができるだろうか。

「世渡りの道」を知ることではなくて、「円満完備の人」であること――うまく「世渡り」することを「知る」方向に向かうのではなくて、そのような偏りのない「円満」さを備えている「人」であること、

「事を為すの機械」であることではなくて、「事を成し得るの人物」であること――「機械」のように「事」を片付けていくのではなくて、「事」の意味を捉えた上で、その意味にふさわしい仕方で成し遂げることのできる「人」であること、

智〔知〕識を貯えた「書物箱」であることではなくて、聡明な知力を備えた「活人」であること―

――「知識」をぎっしり詰め込んだ「書物箱」であることではなくて、「聡明な知力」を備え、そしてそれを実際に活かしていく「人」であること、
要するに、「十分に開発」された「心身の能力」をもつ「高尚有為の人」であること――もともとの「心身の能力」を「十分に開発」させた上で、それに基づいて気高く「事」を成し遂げることのできる「人」であること、である。
その際考慮されるべきことは、一人ひとりの「人」は社会的にさまざまの条件のもとに置かれているということである。その条件とは、たとえば、その「人」の「境遇」や「職業」である。「人」と「人」はそのような条件のもとにあるものとして相互に関係をつくる。しかし、「人」にはそのような条件以前に存在するものがある。すなわち「人」が「人」であることそのこと自体である。それは、どのような条件のもとでも変わることのないものである。それは、一人ひとりの「人」が「人たること」つまり「人」が「人」であることのゆえに欠くことのできないものとしての「人生の本質」である。ここに一人ひとりの「人生」に深く内在して、その「本質」をなすものとして、その「人」がその「人」であることが捉えられている。
そこで取り上げられている「人」が「人」であることには、当時の現実認識のもとでは最も影響を与えることとして「平時」であるのか「戦時」であるのかということが問われたのであろう。しかし、これらのいずれにおいても、つまりいつでも、「人」が「人」であることは「必要」であるとされる。（ここでは「戦時」という想定と「人」との関係についてはどのような文脈で取り上げるかが問われなければならないが、この点は本書の範囲を越える。）

同じく当の著作が書かれた時代を感じさせる「士農」・「工商」という身分の「差別」も挙げられている。「人」という規定は、これらのものを超えて認められている（かつての制度のもとでの身分を取り上げることには、このことによって「差別」というものがどのようなものかが理解されやすいという事情があるのかもしれない）。

さらにこれらの「差別」との対比において「男女」の「性」が「異」なることのみをもって、「男女」に「要不要の差別」があるとすることができるのかが問われている。「人」が「人」であることは、前者の身分の「差別」を超えることである。そうであるならば、同じく後者の「男女」の「性」が「異」なるとしても、しかしそのことのみをもって「要不要の差別」があるとは言えず、両「性」の「（相）異」はこの「差別」を超えていることになろう。

このように、「人」が「人」であることが「女子」について言われる。

> 女子の主要なる天職は賢母良妻たるにありとするも、その一生は必ずしも妻母たるの境遇のみに止らず。又た娘嬢たるの境遇あり、寡婦たるの境遇あり、個人として働くべきの境遇あり、国民として行ふべきの境遇あり。実に然り、女子も亦人なり。而して、母としては、殊に人を育養するの貴重なる天職を担ふ者なり。（成瀬 38－39）

「女子」の「天職」が「賢母良妻」にあるという立場をとるとしても、言うまでもなく一人ひとりの「女子」の「境遇」はさまざまである。したがって、「天職」をも含めて「境遇」の相違が捉えられなければならない。たとえば、一人ひとりの「女子」は、（家族の次元では）「妻母」という「境遇」にあるばかりではなくて、「娘嬢《じょうじょう》」（これら二字の組み合わせの熟語は漢和辞典には見出されない。各字二字では「娘娘」：「母。」「天子が母后を称していふ。」「皇后。王妃。天下の母の義。」「嬢嬢」：「天子が母后を称していふ。」「婦が姑を称していふ。」漢和辞典3–6304, 3–6891参照。これでは文脈上意味が通じないので、ここでは各字それぞれの意味を重ねることによって「むすめ」であることが強調されたと理解しておこう）であったり「寡婦」であったり、（社会の次元では）「個人」として働いたり、（国家の次元では）「国民」として行動することもあるだろう。（ドラマでは主人公のあさは一方で「妻母」の「境遇」にあったが、必ずしも「賢母良妻」であるとは言い難いけれども、他方でむしろ「個人」として、つまり実業家として働いたことになろう。姉のはつは婚家没落後も「お家を守れ」という実家の両親の教えに忠実であり、「妻母」のなかでも「賢母良妻」であり続け、息子二人を育て上げた。そのうち次男を軍隊へと送り出すことになったが、その場合は「国民」として行動したことになろう。）

しかし、これらの「境遇」の相違を除いて捉えるならば、つまり個々の「境遇」以前の次元が問われるならば、一人ひとりの「女子」は当然「人」であることになるであろう。そして当の「人」を育てるということが母の「天職」として強調される。何らかの特定の職業以前の次元にある「人」にまさに原理的に関わることが「天職」として母の規定とされる。母というものはその存在そのものがすでに原理的なものに関わっているとされるのである。

（第二）女子の天職を尽すに足るの資格を養はしむべし（成瀬 39）

成瀬は、「女子の範囲」をどのように捉えるのかについて、それを狭く捉えたり、「男子」の世界から孤立させたりすることは誤謬だとして、慎重な態度をとる。しかし、成瀬なりの捉え方によって「女子」の独自性を規定しようとする。つまり、「心身の構造及び社会の組織上」から「女子の天職」を「賢母良妻」であることのうちにあると信じるという。それゆえに、「女子」を「人」として認めることと並んで、「女子」をして「女子たらしむる」ことを課題とする。そこにあらためてその「天職」ゆえに「女子」を教育することが位置づけられる。

> 著者は彼の女子の範囲を余りに狭隘に制限し、又は女子の範囲は、全然男子のと区別すべき孤立世界の如くに見做すの誤謬たるを知る。されども、心身の構造及び社会の組織上よりして、賢母良妻たるは、女子の天職の主要なるものなりと信ず。故に人となるの教育と共に女子たらしむるの教育を授くるの必要を認むるものなり。（成瀬 39）

そして「女子たらしむる教育」の目標として「資格」について述べられる。「資格を養はしむべし」とは、「女子」が「女子」であることによって自動的に「資格」を得られるわけではないということを意味する。そこに「女子」が学ばなければならない理由がある。

不具者に非らざるよりは、誰か女子にして妻たり、母たるを得ざる者あらんや。されども良妻たり賢母たるは、学ばずして得らるべきに非ざるなり。殊に今後内外多事多望なる日本将来の賢母良妻として、その天職を完ふするは、決して易々たることに非ざるべし。（成瀬 39）

「不具者」［この表現については当時のものとしてそのままにしておく］でないならば「女子」であれば誰でも「妻」であること、「母」であることができないということがあるだろうか、と成瀬は問う。そういうことはあるはずがないけれども、そのことによって「良妻」であること、「賢母」であることができるわけではないのであって、それゆえそうなるためには学ばなければならないという。ここにも当時の日本について「内外多事多望」とする現実認識が示される。

「人」の具体的な在り方として、「女子」の場合「母」としての「天職」が最重要のものであると捉えられている。

女子の天職中、最も重要なるは、母として子女を教育するの天職なり（成瀬 40）

とされる。そして「賢母」による「感化」がほとんど「人間の品格」を成就させるものとして提示される。（父の「賢愚」はほとんど関係がないように見える！という。）

見よや内外古今の著明なる人物を、多くは是れ賢母より感化を蒙りたる者にして、其父の賢愚は殆ど関せざるもの、観あるに非ずや。故に最も教育の功力を奏するの時期は、生前胎内に在るの時と、生後十年の間なりとす。蓋し人間の品格は、多くは此の時期に成就するものなればなり。（成瀬42）

そこで小児学―小児教育の必要性が述べられる。続けて「家政学」の意義が強調される。

妻たり主婦たる女子の職務を完ふせんには、家政学を研究し家政に必要なる智識と経験とを積まざるべからず。（成瀬43）

「家政」をたんに「実地」のみで十分なものとして捉えるのではなくて、「学理」の対象としても捉えた（成瀬43参照）ところに新しい「学問」の息吹が感じられる。この学の主張は「家庭は実に国家の根底たり」（成瀬43）として、「学問」の対象として「国政」のみを取り上げるのではなくて、むしろ「家政」をも同じく「学問」の対象とするところに見出される。

（第三）国民たる義務を完うするの資格を養ふべし（成瀬44）

第一の項で言及された「境遇」についての記述に重なるが、そこでは「境遇」の違いを超える「人」というものが注目されたのに対して、ここではその多様な「境遇」の中で「女子」にとって

「国民」として必要な「一芸一能」について述べられる。そこから「女子」の「専門教育」の必要性が導かれる。

> 夫れ人の妻母となりて内政を執り、以て良人を補佐するは、女子たる者の常道なりと雖も、亦往々非常の境遇に接することあり、或は妻女たるも子女なく、為めに幾何の閑散を得ることあり、或は妻母たるも疾病の為め夫死するか、又は廃人となることあり。[…] されば、今後の女子たるものは、此等各種の場合に於て必ず相当の事業を成すの予修なかるべからず。殊に夫と生別、死別の境遇に接しては、亡夫の代理として、社会に立ち一個の事業を執り、内には家族を維持し、外には社会の公益を計らざるべからず。故に女子と雖も、予じめ一芸一能に達し、非常の場合には家族を扶持し、国家の公益を助くるの覚悟と伎倆とを備へ国民たるの職務を完ふすべきなり。[…] 将来の日本女子たる者は（家を維持し社会の公益を計ることは万々望ましきものなるが）少なくとも、一身丈は之を扶助するの伎/倆を養ひ置くは、極めて必要なり。[…] 一生に一業を成就し、以て自己の幸福を、増し社会の公益を計るは、必ずしも女子の為し能はざる所に非ざる也。是れ実に女子にも亦専門教育の必要なる所以なりとす。（成瀬 45–46）

このふくらみのある文章を分かりやすくするために、そのプロセスをたどろう。

誰かの「妻母」となって「内政」を担うことで「良人」を「補佐する」ことは、「女子」の「常道」つまり通常よく見られる在り方である。しかし、それが往々にして「非常の境遇」に置かれることがある。あるいは「妻女」であっても「子女」がなく、そのために多少時間があることもある。あるいは「妻母」であっても「疾病」のために「夫」が亡くなったり「廃人」になってしまうこともある。〔…（当時の日本において夫が軍事的・商業的に海外に出ることが想定されている。）〕

そうであるならば、今後「女子」はこれらの場合には必ずそれなりの「事業」を起こすようにあらかじめ修得しておかなければならない。とくに「夫」と「生別」・「死別」する「境遇」になったときは、「亡夫」の代理として「社会」に出て「一個の事業」を行って、内では「家族」を維持し、外では「社会の公益」を目指さなければならない。

それゆえ「女子」もあらかじめ「一芸一能」を修得して、「非常の場合」は「家族」の生活を維持し、「国家の公益」の役に立つという「覚悟」と「伎倆」とを身に付け、「国民」としての「職務」を遂行するべきである。〔…（「覚悟」と「伎倆」のない時は「依頼心多き人民」が「増加」し、それゆえ「国家」は「衰微に傾く」という。）〕少なくとも「一身」だけは「扶助」する「伎倆」を養っておくことが極めて必要である。

〔…（たとえそのような場合でないとしても）〕「一生」に「一業」を成就することによって「自己の幸福」を増し「社会の公益」を目指すことは「女子」にも必ずしもできないことではない。このことが「女子」にも「専門教育」が必要であることの理由である。

この文章のふくらみを以上のようにたどるとして、問われるのはこのプロセスにおいて「女子を人として教育する事」という根本的立場がどのように貫かれるのかということである。そこで検討されるべきことは、「一生」に「一業」を成就することが「女子」にも必ずしもできないことではないとされることの根拠についてである。

ここでの表現としての「非常の境遇」という事情は必ずしも根源的な根拠を示していないであろう。というのは、そこにはこの事情ゆえにやむをえず「一芸一能」に向かったという意味が含まれているようにも思われるからである。しかし、実は「女子」が「人」であることそのこと自体にその根拠があるのではないだろうか。確かに「非常の境遇」に備えてということも「一芸一能」の理由として考えられないこともない。しかし、根源的には一人ひとりの「人」が「人」であることという否定しても否定することのできない自己の存在の欲求を満足させるために、「一芸一能」に向かうのではないだろうか。「一芸一能」は一人ひとりの「人」がその「人」であるためにこそ求められるのであろう。

成瀬は、第一から第三へとそれぞれ問題提起したものを、次のように「日本の女子高等教育の方針」としてまとめる。


之を要するに、今後日本の女子高等教育の方針は、(第一)女子を人として教育する事、(第二)女子を婦人として教育する事、(第三)女子を国民として教育すること是れなり。

(成瀬 46)


これら三者は、それぞれ相互にばらばらにあるのではない。そうではなくてそれらは、相互に支え合って一つの全体をなしている。「女子」の場合、「人」としての存在はとりわけそれぞれの「境遇」

においてその在り方を試される。この「境遇」においては「女子」としての「資格」の有無を厳しく問われるのである。その場合「女子」は「賢母良妻」という視点のもとで「婦人」として捉え直され、主として「子女の教育」に役立つことが求められる。「非常の境遇」においてはさらに「一身」の独立のための「一芸一能」が不可欠になる。「一芸一能」の修得が「国民」という枠組みで問われるのである。「国」が一人ひとりの「人」の基盤になっている。ここには当の時代の一つの現実認識が前提されている。

ここでは「一芸一能」の修得は「賢母良妻」の「非常の境遇」ゆえに求められている。そのような「境遇」には誰もが陥る可能性がある。この可能性への指摘には著者の現実認識が働いているであろう。さらにこの現実認識とともに、「一芸一能」への注目には「女子を人として教育する事」への著者の深い思いがあるにちがいない。つまり、「賢母良妻」である一人ひとりの「人」が「非常の境遇」に陥ったとき、その「人」が家族を守り、その際自分の身の存在をも確実にすることは言うまでもないが、その根底にあるもともとその「人」がその「人」であることを示す「一芸一能」を修得させる「教育」への思いである。

「一芸一能」は、人類の歴史という視点にたてば、それぞれ人類が蓄積してきた「学問」の一つの分野である。そしてそれと同時に、一人ひとりの「人」の生涯という視点にたてば、その「人」なりの「学問」の欲求を満足させるべきものである。一人ひとりの「人」の「学問」の欲求はその「人」を「一芸一能」の修得へと向かわせるであろう。

「賢母良妻」は、当時の枠組みとしては不可避的なものであったと思われる。しかし、そのような制約のなかにも、この枠組みを超えるものが存在している。それは、「学問」の欲求という形で現れ、さまざまに変容しつつも、当の枠組みを超えて「人」が「人」であることへの根源的な欲求であると言えよう。「女子を人として教育する事」とは、その当の枠組みのうちにありつつも、当の根源的な欲求を表現するものであろう。「学問」の欲求は、そのような「人」が「人」であることへの根源的な欲求として、時代・社会の制約を超えて働くのである。

では、「人」が「人」であることとはどのようなことだろうか。この点において、成瀬の「人として教育する事」という規定が参考になる。成瀬は女子高等教育の目標としての「人」の教育を「普通教育」として捉えたことにおいて新しい人間像を提示している。その際、その人間像は「人」についての一つの規定を前提している。この規定は「人」の本質への洞察として一歩踏み込んでいる。

この点こそ、ドラマのヒロインを感動させたにちがいない。モデルとなった広岡浅子の自伝では次のように述べられている。

> ちょうど私が四十五、六歳の時、ある知人の紹介で成瀬《なるせ》仁蔵《じんぞう》氏から、我が国に女子高等教育の必要なる由《よし》を説かれました。これこそ私が少女時代から寸時《すんじ》も念頭〔いつも頭〕を離れなかった、我が国女子を哀れな境遇から救わんとの熱望を果たさるべき光明であるかのように覚えました。それゆえ、事業のため繁劇《はんげき》にしてしかも微力《びりょく》〔事業にいそがしく、微力な私に〕、とうていこの重大なる教育事業を補助し得る任を完《まっと》うすること〔補助すること〕ができるかどうかを危ぶみましたが、しかし「精神一到《いっとう》何事か成らざらん〔集中してものごとに取り組めば何事もできないことはない〕

と断然意を決し、日本女子大学校発起者に加名［加盟］するの栄誉を担いました。（広岡「七十になるまで――緒言に代えて」、復刊 15。［ ］＝超訳 13–14）

文献資料10　広岡浅子と成瀬仁蔵との出会い

女子教育についての広岡浅子の関心が知られ、そのための賛助と尽力を求めてきた人々の主義が彼女のそれと異なるゆえに断っていたところに、成瀬仁蔵およびその著書との出会いがあったそのいきさつが語られる。

　そんな中、明治二十八年の頃でした。成瀬先生がある人の紹介で私の自宅においでになり、先生の著書『女子教育論』をくださって、この書の主意によって学校を設立したいから賛助してほしいと言われました。
　その当時、私はまだ、それを助ける気持ちはございませんでした。折から、私が計画した事業のために九州に下り、そこに滞在することになりましたが、そこでその『女子教育論』を繙《ひもと》き、はじめて先生の女子教育に対するご意見に接することとなりました。繰り返して読みましたことが三回、先生の主義についてご熱心であることは／自然にその書の上に表れていて、私はこれを読んで感涙が止まらなかったくらいでした。

そこで私は、この人こそ真に女子教育を託すべき人、また自分の希望する女子を養成することができる方だと信じました。それで微力ながらも、できる限りの尽力をすることを承諾しました。（広岡「私と本校の関係を述べて生徒諸子に告ぐ」、超訳 104–105）

原案では成瀬の著書にふれつつ、その内容への浅子の反応が描かれている。

「この著書に私の教育論が書いてある。一読の上、なにとぞご賛同のほどを」

成瀬は懐《ふところ》から一冊の本をとり出し、卓上に置いて広岡家を去った。

浅子は九州に向かう汽車の中で、『女子教育』というその著をめくってみた。巷間にはいまだに、父母に順ならざるは去る、子なきは去る、多言は去るなどという女性についての七去思想が染みついている。

成瀬はそうした戒律的条項によって女を縛ろうとするのではなく、まず教育の目的／を女子の人格形成に置くことを主張する。これまでの『女大学』や『女四書』、『女論語』などのように、儒教思想を根底にした教訓書を知る者にとっては、実に斬新な視点に立つ論であった。浅子は第一に、成瀬の女子に人格を持たせようとする考え方に感服した。

女子のために、帝国大学の門戸を開いて大学の教育を授け、男子と同じように学士や博士の学位を得さしむべしという条項もあった。女性の人格を認め、最初から男性と同等に置くところからこの書の論調は出発している。さらに国際的な視野から見た日本の女子教育を、最下等なりと指弾していた。

次に、日本女子教育の現状と外国におけるそれとの違いが詳細に書かれている。女子の入学を許可している男女混合大学が、外国では二百以上に達している。日進月歩の文明開化といわれているわが国であっても、女子教育は野蛮国に等しいほどお粗末だというのである。女子を、ただ事を成す機械ではなく、事を成し得る人物に育成していく。知識を貯えた書物箱ではなく、聡明な知力を備えた活人として訓育する。智育、徳育、体育の三面から女子形成が考えられ、女子大学校の創設学部まで具体的にあげてある。

浅子は読み終えた時、深い感動に包まれた。長年抱いていた自分の夢が、成瀬への／協力によって実現しそうな気がし、胸がときめいた。

（原案 206－208）

文献資料11　大隈重信の男女「複本位」という主張

大隈重信（一八三八～一九二二）は、国民とは男という「単本位」ではないのであって、男女の「複本位」であるという主張を展開する。「富国強兵」という視点について、この発言には「時代性が刻印されている」という指摘（「女性へのメッセージ」、一八九七（明治三〇）年三月二五日、大隈 53－54 解題参照）に学びたい。

［…］日本ではこれまで単本位であった。即ち国民というものは男に限られた。社会のあらゆるものは男が支配するものであるという一つの本位説が行われた。またすべて男女の関係というものは、女子はただ服従の義務という本位を守らせられた。言換《いい》うれば服従主義、即ち国民というものは、単本位主義に今日までなっておりました。それで四千万の国民だと威張るけれども、なあに女子を除いてみると／二千万の国民になる。こういう有様であります。其処《そこ》で今度政府に於ては金本位――金単本位を採る事になりましたが、私は国民の上については両本位説を採りたいと思う。かく申すとなんだか私は生意気な事を言うようでありますが、実は私は能《よ》く知りませぬが、随分男女同権という事、ある社会に於てはあるけれども、私の言うのはそういう意味ではないので、真個《しんこ》富国強兵の実を挙げんとせば必ずや女子の智識を開発上進《じょうしん》し、女子の性格を高尚優美ならしめなければならんと言うのである。

（大隈 58 – 59）

文献資料12　富豪による社会的援助

女子大学校設立運動への献身的努力には富豪による社会的援助についての広岡浅子の考え方が大きく働いたであろう。

海外の有様〔ありさま〕を見ると、富豪はもちろんのこと、皇室すら民主主義開放〔解放〕的気分に満たされているではないか〔ありませんか〕。而《しか》して〔そして〕開放進取、出来〔でき〕得るだけ多くの学徳共〔とも〕に一世に秀でたところの人々と交際することをもって非常なる光栄としているくらいである〔です〕。〔改行〕か〔あ〕の米国における世界的大富豪たる〔である〕カーネーギー〔カーネギー〕氏の如き〔…〕は自分が学問をすることができなかったことを後悔したために、後進の者をして〔に〕少なくとも普通以上あるいは専門の勉強をさし〔せ〕てやろうという考えから、米国いたるところの市町村に図書館を寄付するようなことである〔しています〕。〔改行〕それればかりでなく、彼は幾十億の富のうち子孫のためには僅々《きんきん》〔わずか〕一人十万ドルしか与えないという規定を作っている〔つくっています〕。彼は実に米国民と休戚《きゅうせき》を共にして〔改行〕〔…〕国家の盛衰を一身に負うところ／の〔という〕抱負をもって、米国民同胞の進歩発展のために、百年の計《はかりごと》を立てている〔のです〕。〔改行〕〔…〕かかる〔そんな〕精神に立っている富豪を米国に求めるならば、幾百人あるかも知れない〔ません〕。

要するに彼らは国民のため人道のため世界のために、金儲けをしているのであって、封建鎖国的因習に捕らわれている我〔我が〕国の富豪などの〔が〕とうてい企及《ききゅう》すべからざる〔及ばない〕精神をもって〔持って〕立っている〔のです〕。（広岡「家族制度と国民の退歩」、復刊 86－87。〔 〕＝超訳 83－84 参照）

意訳：お金持ちの共通点

大富豪と呼ばれる人の多くは、国民のため、社会のために富を得ているように感じられます。そこに自己本位な欲はありません。

国の盛衰を一身に背負うかのような信念と責任感を持ち、国の進歩と発展のために百年の計を立てています。

逆にいえば、このようにはるか先を見すえる者だけが、巨万の富を得ることができるのでしょう。

（坂本 2015 : 178）

文献資料13　渋沢栄一の女子教育への態度

渋沢が孔子も考え及ばずといったというのは、孔子の女性観では成澤の女子教育論を理解できないと渋沢が思ったということであろう。この点をめぐって原案では次のように描かれている。

これまで渋沢の交渉は、暗礁に乗り上げたままになっていた。渋沢は柔和な様相の内側に強い意志を秘めており、自説を曲げない頑固さを持っている。元来が漢籍育ちなので、根本に女子と小人は養いがたしといった考えがある。女子に高等教育を施すといういき方は、渋沢の思想とは相容れぬものであった。

「成瀬先生の熱意が渋沢はんを動かしましたなあ」

浅子が称えると、成瀬のほうは浅子に花を持たせようとする。

「いや、広岡さんの力が大きかったからです」

成瀬には、いったん思い込むと、梃子《てこ》でも退かぬという執念がある。渋沢への訪問は実に十数回、それでもなお成瀬は望みを捨てなかった。

最初に成瀬に抱いた渋沢の第一印象は、いいものではなかった。「誠に珍しく気力のある人」と感じたが、「どこやら人間の練りが足りず、世間へ出て果たして人が相手にするかという危惧を持つ」と思った。

しかし会談を重ねていくうちに、成瀬の時代を先取りした女子教育論に、ついに渋／沢は屈服した。そしてついに、「孔子もここまでは考えおよばなかったのではないか」とまで思わせるに至った。

浅子は渋沢が言ったという成瀬の人間の練りの足りなさということを、世俗に染まらぬ教育者の純粋性なのだと理解した。成瀬が、渋沢の賛同を浅子の成果にしようとしたのは、渋沢との面談の中で話が浅子のことに及び、その時から急転直下交渉が好転したからであった。（原案223-224）

渋沢は原案で触れられた次のような孔子の女性観を成瀬の女子教育論を受け容れることで改めたのであろう。

『論語』陽化〔篇〕第十七

二三　子《し》曰《いわ》く、唯《ただ》女子《じょし》と小人《しょうじん》とは養《やしな》い難《がた》しと為《な》す。之《これ》を近《ちか》づくれば、則《すなわ》ち不遜《ふそん》なり。之を遠《とお》ざくれば、則ち怨《うら》む。

〈現代語訳〉

老先生の教え。女子と知識人とは、そのつきあいかたが難しい。親しく優しくするとつけあがりわがままとなる。遠ざけ厳しくすると不平となり恨んでくる。（論語 411）

文献資料14　平塚らいてうにおける「人」の把握

後の平塚らいてう（一八八六〜一九七一）の立場と成瀬の「人」の把握とがどのように関わるかは検討に値する。『青鞜』創刊の辞「元始女性は太陽であった」（一九一一（明治四四）年九月）における「真正の人」としての女性の潜在する「天才」の把握において、成瀬の「人」の把握に共通するものがあると思われる。

元始、女性は実に太陽であった。真正の人であった。
今、女性は月である。他に依って生き、他の光によって輝く病人のような蒼白い顔の月である。
私どもは隠されてしまった我が太陽を今や取戻《とりもど》さねばならぬ。

「隠れたる我が太陽を、潜める天才を発現せよ」、こは私どもの内に向っての不断の叫声、押えがたく消しがたき渇望、一切の雑多な部分的本能の統一せられたる最終の全人格的の唯一本能である。

この叫声、この渇望、この最終本能こそ熱烈なる精神集注とはなるのだ。

そしてその極《きわま》るところ、そこに天才の高き玉座は輝く。

（青鞜 18）

この「天才」が各自の「天職」に結びつけられる。ここにらいてうあるいは青鞜社社員の自己認識がある。

最後に今一つ、青鞜社の社員は私と同じように若い社員は一人残らず各自の潜める天才を発現し、自己一人に限られたる特性を尊重し、他人の犯すことのできない各自の天職を全うせんためにひたすらに精神を集中する熱烈な、誠実な、真面目《まじめ》な、純朴な、天真な、むしろ幼稚な女性であって他の多くの世間の女性の団体にともすれば見るような有名無実な腰掛《こしかけ》つぶし〔で〕は断じてないことを切望してやまぬ、私はまたこれを信じて疑わぬものだということをいって置く。

（青鞜 28）

らいてうの主張に成瀬の議論に影響を受けつつも独自性があるとすれば、「人」の把握を女性について、成瀬の「賢母良妻」的「天職」論から切り離して一人ひとりの「天職」をめぐってとくに取り上げたことにあろう。

らいてうの主張について浅子の反応は肯定的であったようである。らいてうは浅子を嫌っていたにもかかわらず、浅子はらいてうが唱えた「新しい女」を肯定的にみていたようであるという。（菊地2015：45, 120参照）

教育を受けた婦人とか、いわゆる新しき女とかいう者が、昔の節婦貞女《せっぷていじょ》に優《すぐ》らざることはなはだ遠いものがあるとて、女は固有の美徳を傷つけざるよう教育するがよいと考える者もありますが、それは姑息《こそく》の方針（菊地2015：120）

女子が人間として立派なものに教養された暁は、伴侶者なる男子の幸福はもとより、家庭も此処に初めて二人の力が充実して、溌溂《はつらつ》たる活気を呈して来るでありましょう。（『婦人週報』大正6［1917］年7月号）（菊地2015：118）

文献資料15　広岡浅子の平和論

女性にとって「平和」をつくっていくことの意味については広岡浅子が「現代の婦人についての感

想　日本婦人の三大使命」（『実業世界』（一九一一年十一月刊行号）より。広岡、超訳36－41）のなかで、その「三大使命」を「迷信打破」および「殖産産業」と並んで「平和事業」のうちに見出していることが参考になる。

平和事業に力を尽くせ

近来、平和の声が欧米各国はもとより、日本にも盛んに起こったのは、世界人類のために喜ぶべきことでしょう。

米国からはジョルダン博士のような平和の使命者を送り、我が国からは新渡戸《にとべ》博士を米国に送っています。互いに平和を祈ることに力を尽くしていることは大いに喜ぶべきですが、この平和事業は男子の仕事ではなく、むしろ婦人の仕事であって、当然のように、婦人が力を尽くすべき職分を持っているのです。

なぜならば、元来男子は、一面において進歩的、破壊的性質を持っています。現状に満足せず、変化を好む性質があります。同時に他の面においては、一度言い出したことは決して後に引きません。途中で自分の議論が悪いと気づいて／も、どこまでも主張を貫こうとする性質があります。男子の長所であると同時に短所でしょう。

それに対して、婦人は講和的な性質をもっています。美しい同情心等をもっていて、常に社会に油を注いで、社会の運転力を滑らかにする性質を持っています。

そこで男子が戦おうとするときは、女子は常に調和者とならなければなりません。平和事業のようなものも、女子の手によってはじめて完全なものとなるわけです。

日本の婦人も活眼《かつがん》を開いて、この世界の福音を興す事業に向かって意を注ぐべきでしょう。

（広岡、超訳 38−39）


「隣邦中国に対する日本婦人の責任」（『婦人週報』（一九一九年一月刊行号）より）―臨終二日前の談話であるという―には当時の現実に即した意見が述べられている。


［…］中国に対する日本の態度は、まるで高利貸しのように不親切なことが多く、ただ、無尽蔵《むじんぞう》の彼《か》の地の天産物を掘り出そうとか、無知な土着の人々を圧迫して、その権利や土地を我が物にしようとか、焦《あせ》るのみであります。

この態度は、まるで大戦前にベルギーやフランスを苦しめたドイツと何が違うのかということになります。

今、反省することなく、このまま我利《がり》の念が増長したら、とうてい米国は黙／っていません。まるで人類の敵だ、民本主義の敵だと言って、ドイツに宣戦したように、我が国に向かって最後の手段に訴えるかもしれません。

私たち日本人は、その制裁を恐れる前に、まず恥としなければなりません。

［…／…／…／…］

日本の強圧主義は軍国主義の余弊《よへい》（残っている弊害）です。

今後は国の政治であれ、国際間の関係であれ、この軍国主義を捨てて、愛をもって互いに仕え合う境地に進まなければなりません。

この心情を人々の間に培《つちか》うものは、キリスト教であって、すでに信者たる者は、それを宣伝する急務があり、また未だこれを知らない者は、偏見を捨てて、それを学んでほしいものです。

剣によらざるこの働きには婦人と男子をあえて選ぶところはないのです。そして私は、日中間をはじめ、日米間にも永久の平和が結ばれるようにと祈って止みません。

（広岡、超訳 93–97）

「大隈重信による弔辞」（『家庭週報』（日本女子大学同窓会「桜楓会」機関紙 一九一九年）より）に、浅子への評価が示されている。

婦人の身をもって、自ら実業界に身を投じて東奔西走《とうほんせいそう》、あるいは九州の炭坑などに自ら出張されたり、実にその活動は男子も及ばないものでありました。（広岡、超訳 150）

しかし浅子夫人のありっぱな人格は、ただその境遇がそうさせたばかりではありません。やはり天性にその偉大な資格が備わっておりました。

このように浅子夫人は男子に及ばぬような偉大な力をもってすべてのことに当られましたので、ある一部分の人からは多少誤解も受けましたが、しかし浅子夫人の活動は実に目覚ましいもので、ただ広岡家のためのみならず、社会的な活動はほんとうの手本としなければなりません。とくに女子教育のためには最も傾注され、この女子大学校のために尽されたことは、この学校の生命と共に永久にその精神と人格とは残っております。（広岡、超訳151）

ここで言及されてはいないが、「平和事業」も「ほんとうの手本」としなければならない「社会的な活動」に含まれているのかもしれない。

註

註1　第二次世界大戦前の日本ではピストルは誰でも購入することができたという。菊地 2015 : 33 参照。薩摩藩士であった五代才助（友厚）（一八三六〜一八八五）がピストルを持っていたとしても不思議ではなく、五代から浅子に渡った可能性も十分考えられるという指摘が参考になる。原口 2015 : 71 参照。原案ではピストルは加島屋に代々伝わっているものと設定されている。原案 137 参照。このピストルは時代遅れで役にたたないと五代が自分のものを贈ったという設定もある。高橋 2015 : 216 参照。

註2　実在の広岡浅子の関心は、きわめて実践的な「勉強」（石野 2015:53、石野伸子「九転十起の女――広岡浅子伝」『九転び十起き！　広岡浅子の生涯』産経新聞出版 2015 : 11-131）にあったようである。そのような浅子にとって、後年の女子大学校における「女子教育」は「第二の青春」であり、「『女子教育』はまさに浅子のためにこそ必要だった」（石野 2015:115）という。

註3　五代と浅子との両者の直接的な関係をうかがわせる証拠は今のところみつかっていないが、しかし広岡家と五代とはビジネス・パートナー関係にあり、五代と浅子が遭遇する場面があったとしても決しておかしくないという。また五代と浅子とは生活空間が重なっていたという。宮本 2015 : 170 参照。この指摘の上に薩摩出身の五代にとって三井家が重要なパートナーであり続けたということから三井家がらみで浅子と五代に交流があったと推測できるという指摘も参考になる。五代と渋沢91参照。三井で育った浅子を倒産しかかった加島屋を近代化の方向に持っていった人物として五代の書いた「シナリオ」どおりに実現していった経済界の「名優」とし、日本近代化の模範

生とする捉え方が参考になる。原口 2015：103 参照。五代の生涯は、女性実業家としてどのような生き方をとるか、浅子に決意させるきっかけとなったのであり、商いで儲けた利益はできるだけ社会に還元する、浅子はそう結論を下したのだという。時空旅人85参照。註５・８参照。

註４　この事件については、原案においても描かれている（同 270 - 271 参照）。しかし、ノンフィクションでは記されていない。事実であれば直接生命に関わることであり、当然記されるであろう（石野 2015：111 あたり参照）。今回のドラマをきっかけに多くの広岡浅子関連本が出版されたが、これらにおいては筆者の見たかぎりでは（ドラマと事実との相違に触れたものを含めて）、ドラマでの事件に触れたものはないと思われる（原案著者監修のものでは原案に沿った形で触れられている。古川監修 90 参照）。

註５　先を見据えて家族のことを思うならば、金をただ溜め込み、閉鎖的にするのではなくて、むしろ世間のために富を使うべきだというのが浅子の考え方だったという。女子大創設への援助は、浅子の「世間のために富を使うべき」という考え方の象徴といえるという。永井 2015：176 - 177 参照。註３・８参照。

註６　渋沢の変化を促したのは、成瀬の人柄だけではなく、成瀬の盟友・浅子の存在も大きかったのではないか、なにしろ成瀬が語る女性像の見本のような人物がすぐそばにいたのだからとする指摘は参考になる（五代と渋沢 95 参照）。

註７　実在のモデル広岡浅子が歩んできた時代について、ある意味「乱世」であるとし、彼女が「女傑」「女実業家」として雄飛できたのもそういった時代なればこそ、とする捉え方もある。新人物文庫 24 参照。

註８　「淀川生命」のモデル「大同生命」が掲げた経営方針は「加入者本位」と「堅実経営」であり、これは「真に社会救済の意味を含み、人々の生活上の安定を得さしめる事業は、生命保険事業の本質ではないだろうか」という広岡浅子の抱いていた信念が結実したものに他ならなかったという（別冊宝島 29 参照）。浅子の精神は「社会貢献の精神」「堅実な経営力」において受け継がれているとし、例えば大同生命は、一九七〇年代に中小企業向けの事業に大胆に転換したことで、堅調で安定した経営基盤を築いたそうであること、障害者スポーツの支援といった社会貢献

活動に積極的なことに浅子の精神を見る気がするという（原案著者古川智映子インタビュー（仕事と生涯 16 参照））。明治時代にはノブレス・オブリージュ［Noblesse oblige.【諺】貴族たる者（【一般的に】身分の高い者）は身分にふさわしい振舞をしなければならぬ。（仏和辞典 1038 参照）］があったこと、国をよくしよう、社会をよくしようという思いが当時の上流階級には明確にあったこと、浅子はそれがもっとも強く表れている例であることという指摘（小前 2015：237 参照）に学びたい。註3・5参照。「貢献」についての筆者の見解は、幸津 2012、同 2015 参照。

註9　ヴォリンガーはもしドラマがさらに続いたとするならば、おそらく千代の連れ合い東柳啓介（千代のモデルは亀子、連れ合いは旧姓一柳恵三）の妹（本ドラマには登場しない。名前は一柳満喜子）の連れ合いとして登場することになるであろう。モデルになったのは建築家ウィリアム・メレル・ヴォーリズ William Merrel Vories〔日〕一柳米来留［一八八〇～一九六四］（人名辞典 336 参照）であろう。後のふたりのキューピッドは浅子であるという（玉岡かおる「人を包む引力の女性《ひと》――広岡浅子に寄せて」、徹底ガイド 14-18、とくに 16 参照）。華族の娘満喜子と外国人ヴォーリズとの結婚についてただひとり浅子だけが賛成し、「負けんとき」と満喜子を励まし、さらに満喜子が華族籍を離れて平民になることをすすめたという（玉岡 2014：（下）161-163、169-170 参照）。こうして、浅子はふたりの結婚への道を開いた。民族・身分の違いに囚われない浅子の態度が示されている。

註10　「平和」が求められるのであれば、当然「国」について考えなければならないことになろう。この点は本書の範囲を越えているが、次の指摘に学びたい。日露戦争後、浅子の思想には「帝国」日本の「国民」意識が一層強く働くようになり、欧米列強国に劣るのは軍備や商工業ではなく、婦人の知識、地位、すなわち女性力であるとして、婦人の教育の必要性を説いた（吉良芳恵「解説　実業家広岡浅子の闘い」広岡、超訳 157 参照）、という。

　また「平和」への浅子の態度の背後には宗教上の立場、浅子にとってのキリスト教があると思われるが、ドラマでは触れていないこともあり、これも本書の範囲を越える。近代日本の戦争における個人と国家との関係についての筆者の見解は、幸津 2001 参照。

註11　浅子にとっては、すっかりライフワークとなっていた女性への教育と自分のための学問を、その命が尽きる間際まで続けた、という指摘は参考になる（「女傑」の生涯99参照）。浅子の楽しみは「学ぶこと」、そしてこの国の女たちに、自分と同様に「学ぶ楽しさ」を伝えることであるという指摘も示唆的である。長尾2015：199参照。

註12　脚本家大森美香がヒロインをとおして描き続けてきたことが「やらかい心」であり、主人公がさまざまな学問を学ぶことで世界を豊かにしていく「学ぶことの喜び」であるという指摘が参考になる。成馬零一「「やらかい心」と「学ぶことの喜び」」ファンブック142-143参照。

註13　ドラマ制作者の意図はメッセージの表題のように「幕末・明治を生きた人々の思いを、ホームドラマで届けたい」（エグゼティブ・プロデューサー　佐野元彦、ドラマ・ガイド1：106）ということにあるという。視聴者はこのドラマによって、「あの時代を生きた人々の思いが今の日本を作り上げた」（同）ということを身近に感じることで、今にいたる歴史の中に自分を置くことになるだろう。「今は、現実よりドラマの世界のほうが真実を語れる」（チーフ演出　西谷真一「格闘しながら成長するヒロインをライブ感覚で楽しんで」、ドラマ・ガイド1：107）ということ。そこには精神の「旅」がある。つまり、このことを表題にした本（浅子と旅する参照）のようにわれわれ視聴者は「旅」をするのである。このような雰囲気は当のテレビドラマを一つのきっかけにして刊行された多くの出版物において感じられる。浅子および同時代を生きた女性たちを取り上げることで、幕末以降の近代日本の歴史が一人ひとりの人間像という身近な形で振り返られているのである（浅子と女たち、幕末明治女性、浅子とヒロイン参照）。またあさと新次郎の言葉を手がかりに読者に人生への思いに誘う出版物もある。あさ・新次郎語録参照。さらに出演者自身に焦点をあてるものもある。玉木参照。

註14　脚本担当の大森美香によれば、あさと新次郎の夫婦は「それぞれに違う能力があって、お互いの力で未来をよくしていく」夫婦であるという（ドラマ・ガイド1：69参照）。ここに本ドラマの人間像の基本的な枠組みが見出されるであろう。「愛」についての筆者の見解は、幸津2010参照。「生と死」については同2013参照。

文献目録

基本文献

大森美香『あさが来た』シナリオ、NHK連続テレビ小説、第1週・第10週、『月刊ドラマ』映人社 2016　4：13–71（＝シナリオ）

原案 古川智映子／脚本 大森美香／ノベライズ 青木邦子『NHK連続テレビ小説　あさが来た　上』NHK出版 2015（＝ノベライズ上）

原案 古川智映子／脚本 大森美香／ノベライズ 青木邦子『NHK連続テレビ小説　あさが来た　下』NHK出版 2016（＝ノベライズ下）

古川智映子『小説　土佐堀川　広岡浅子の生涯』潮文庫 2015（＝原案）

『NHKドラマ・ガイド　連続テレビ小説　あさが来た　Part 1』NHK出版 2015（＝ドラマ・ガイド1）

『NHKドラマ・ガイド　連続テレビ小説　あさが来た　Part 2』NHK出版 2016（＝ドラマ・ガイド2）

『ステラMOOK　連続テレビ小説　あさが来た　メモリアルブック』NHKサービスセンター 2016（＝メモリアルブック）

『連続テレビ小説　あさが来た』完全版 DVD BOX 1　NHKエンタープライズ 2016

『連続テレビ小説　あさが来た』完全版 DVD BOX 2　NHKエンタープライズ 2016

『連続テレビ小説　あさが来た』完全版 DVD BOX 3　NHKエンタープライズ 2016

関連文献　広岡浅子著書等
広岡浅子『人を恐れず天を仰いで　復刊『一週一信』』新教出版社 2015（＝復刊）
同『超訳　広岡浅子自伝』KADOKAWA 2015（＝超訳）
菊地秀一 2015『広岡浅子語録』宝島社
坂本優二 2015『広岡浅子　逆境に負けない言葉』イースト・プレス

古典
『女大学集』石川松太郎 編、東洋文庫 302、平凡社 1977（＝女大学集）
『大隈重信演説談話集』早稲田大学 編、岩波文庫 2016（＝大隈）
貝原益軒『養生訓・和俗童子訓』石川謙 校訂、岩波文庫 1961（＝貝原）
『孝経』加地伸行 全訳注、講談社学術文庫 2007（＝孝経）
渋沢栄一『論語と算盤』角川ソフィア文庫 2008（＝渋沢）
『『青鞜』女性解放論集』堀場清子 編、岩波文庫 1991（＝青鞜）
成瀬仁蔵『女子教育』明治二十九年（1896）、『成瀬仁蔵著作集　第一巻』日本女子大学創立七十周年記念出版分科会・成瀬仁蔵著作集委員会　代表者 道 喜美代 編集　29-155、日本女子大学　昭和四十九年（1974）（＝成瀬）
福沢諭吉『学問のすゝめ』岩波文庫 1942、1978 改版、2008 改版（＝福沢、学問）
同『福沢諭吉家族論集』中村敏子 編、岩波文庫 1999（＝福沢、家族）
『論語』加地伸行 全訳注、講談社学術文庫 2004（＝論語）

研究文献

『浅子と旅する。―波乱の明治を生きた不屈の女性実業家―』フォレストブックス編集部編、いのちのことば社フォレストブックス 2015（＝浅子と旅する）

大森美香・作『あさが来た　白岡あさ・新次郎語録』扶桑社 2016（＝あさ・新次郎語録）

『九転び十起き！　広岡浅子の生涯』おとなのデジタルTVナビ編集部企画・編集、NIKKO MOOK、産経新聞出版 2015

幸津國生 2001『「君死にたまふことなかれ」と『きけ　わだつみのこえ』・「無言館」――近代日本の戦争における個人と国家との関係をめぐって』文芸社

同 2010『『冬のソナタ』の人間像――愛と運命』花伝社

同 2012『「貢献人」という人間像　東日本大震災の記録・藤沢周平の作品世界を顧みて』花伝社

同 2013『〈追悼の祈り・復興の願い〉の人間像　東日本大震災と『般若心経』』花伝社

同 2015『『あまちゃん』の人間像――3・11／「逆回転」／〈自分〉探し』花伝社

『五代友厚と渋沢栄一』川崎敦文／荻野豊／鈴木愛編、洋泉社MOOK、洋泉社 2016（＝五代と渋沢）

小前亮 2015『広岡浅子　明治日本を切り開いた女性実業家』星海社新書

『新人物文庫　広岡浅子　新時代を拓いた夢と情熱』『歴史読本』編集部編、KADOKAWA 2015（＝新人物文庫）

高橋直樹 2015『五代友厚　蒼海《うみ》を越えた異端児』潮文庫

玉岡かおる 2014『負けんとき　ヴォーリーズ満喜子の種まく日々（上）（下）』新潮文庫

永井紗耶子 2015『広岡浅子という生き方』洋泉社

長尾剛 2015『広岡浅子　気高き生涯　明治日本を動かした女性実業家』PHP文庫

原口泉 2015『維新経済のヒロイン　広岡浅子の「九転十起」』海竜社

『幕末・明治を生きた女性たち』足助明彦 編、別冊歴史REAL、洋泉社MOOK、洋泉社2015（＝幕末明治女性）
『広岡浅子が生きた時代』栗原紀行 編、時空旅人別冊、サンエイムック、三栄書房 2015（＝時空旅人）
『広岡浅子　激動の時代を駆け抜けた「女傑」の生涯』株式会社オメガ社編集、三才ムック　vol. 835、三才ブックス 2015（＝「女傑」の生涯）
『広岡浅子　徹底ガイド　おてんば娘の「九転び十起き」の生涯』主婦と生活社編、主婦と生活社 2015（＝徹底ガイド）
『広岡浅子と女たち　幕末・明治・大正――新時代のヒロイン全集』荻野 豊／川崎敦文 編集、ファミマ・ドット・コム 2015（＝浅子と女たち）
『広岡浅子と日本のヒロイン』花田達郎 編、EIWA MOOK 英和出版社 2016（＝浅子とヒロイン）
『広岡浅子の生涯』オフィス三銃士 編、別冊宝島 2387 宝島社 2015（＝別冊宝島）
『広岡浅子のすべて　仕事と生涯』宮本恵理子構成・編集、日経ＢＰムック、日経ＢＰ社 2016（＝仕事と生涯）
古川智映子監修 2015『〝あさ〟が倍楽しくなる「九転十起」広岡浅子の生涯』潮出版社
宮本又郎 2015『商都大阪をつくった男　五代友厚』ＮＨＫ出版
『連続テレビ小説　『あさが来た』　玉木 宏　白岡新次郎と生きた軌跡』ワニブックス 2016（＝玉木）
『連続テレビ小説　あさが来た　ファンブック』Ｊプロジェクト編集、洋泉社MOOK、洋泉社 2016（＝ファンブック）

辞典

岩波書店辞典編集部編 2013『岩波　世界人名大辞典』岩波書店（＝人名辞典。外国人の場合）
大野 晋／佐竹昭広／前田金五郎編 1974『岩波　古語辞典』岩波書店（＝古語辞典）

加納喜光 2014『漢字語源語義辞典』東京堂出版
鈴木信太郎／中平 解／渡辺一夫／朝倉季雄／家島光一郎／武者小路実光／三宅徳嘉／松島和則／田島宏 1957『スタンダード仏和辞典』大修館書店（＝仏和辞典）
諸橋轍次 昭31［1956］『大漢和辞典』縮写版 昭41［1966］ 巻三（＝漢和辞典）

あとがき

連続テレビ小説『あさが来た』を大いに楽しんだ。幕末以降の日本における人間像をよくある政治の面ではなくて、これまであまり例がなかったであろう実業の面で、それもひとりの女性実業家の成長を通してホームドラマの形で描くドラマとしてである。

このドラマを楽しませてくださった脚本 大森美香氏、白岡あさ役 波瑠氏／白岡新次郎役 玉木宏氏ら出演者の皆さんおよび制作統括 佐野元彦氏／チーフ演出 西谷真一氏ら制作スタッフの皆さん、語り 杉浦圭子（アナウンサー）氏、音楽 林ゆうき氏、主題歌／ＡＫＢ48の皆さん／作詞 秋元康氏／作曲 角野寿和氏・青葉紘季氏／編曲 清水哲平氏、原案著者 古川智映子氏、ノベライズ執筆者 青木邦子氏にお礼を申し上げる。

このドラマをめぐってさまざまな出版物（その一端について本書文献目録を参照）で取り上げられたように、ヒロイン白岡あさは日本初の女子大学校設立運動の際に主として資金面確立に大きな役割を果たした広岡浅子をモデルにしている。このことに関連して、筆者にとってひとつの事情がある。その事情というのは、筆者が当の女子大学校の歴史を継承している女子大学に勤務していたということである。そのような事情のもとで筆者はドラマを楽しみながら、この歴史について身近に感じつつその起源に遡って知ることができた。もちろんこの事情がなくても十分に楽しんだことであろうが、やはりこの事情ゆえに、このドラマによって当の歴史への筆者なりの関心がいっそう強く惹き起こされた。本書はその関心が一つの形になったものである。

実業家であるあさが資金面について担当しているのは、適材適所というべきであろう。しかし、そもそも何が彼女に女子大学校設立運動をほとんど自分の使命のように進めさせたのであろうか。それは、彼女の人生のあらゆる局面において、彼女の心のうちで決して消えることなく燃え続けた「学問」の欲求であったのではないか、それこそが当の運動に彼女を駆り立てたものではないだろうか。

このドラマは、あさが京都の豪商今井家（モデルになった浅子は三井家）の出身で、白岡家（広岡家）という大阪きってのこれまた豪商に嫁いだという「金持ち」（ドラマでのサトシの表現参照）であったがゆえに成り立つことのできたドラマなのだろうか。確かにそれも一つの要素であって、それなしには彼女の「学問」の欲求が育つこともなかったのかもしれない。

しかし、むしろ「学問」における男女差別という形で人間の差別というものが「金持ち」において鋭く現れていたと捉えることができるのではないだろうか。あるいは「女大学」におけるような「学問」の捉え方が「金持ち」であればあるほど強く「金持ち」の女性たちに対して社会的に要求されたとも考えられよう。「金持ち」以外には「学問」のための条件が与えられなかったとすれば、他ならぬ「金持ち」においてこそ、「学問」をめぐって男女差別が明確になっていたということであろう。このことは、この差別については「金持ち」の場合が事柄としての普遍性をもっていたということを意味するであろう。設立運動の困難は大きかったけれども、結果として賛同した人々には「金持ち」が多かったと言えるかもしれない。つまり、この人々は「学問」をめぐっての男女差別を明確に捉え、そのことの克服のための社会貢献活動として女子大学校設立による女子高等教育確立に普遍的な意義を見出したのであろう（その最大のものは、あさの実家の今井家による別荘地の寄付によって東京・目白に女子大学校の校地が確保され、資金面で設立の準備ができたということであろう。このことをめぐってのあさの貢献の大きさについては言うまでもない）。

ところで筆者は、自分なりのテーマとしては「哲学の欲求」・「意識と学」あるいは「意識・理念・実在」という論点のもとにヘーゲル哲学の文献学的研究に取り組んできた。これを基礎篇とするならば、本書はその応用篇の一つである。

本書は、何らかの専門家とは異なる一般人の立場から書かれている。この立場はヘーゲル哲学の文脈で言えば、「意識」として位置づけられる。その働きは、本書ではヒロインあさの「学問」の欲求として捉えられる。あさは少女時代に「学問」を禁止され、やむにやまれぬ「学問」の欲求をその後の人生を通じてもち続けた。「理念」はあさがあくまでも「学問」を続け、それを止めることが決してなかったということ、そのことのうちに見出されるであろう。彼女の実業活動はそれぞれが「実在」を示しているであろう。

そこで問われるのは、これらの「実在」の中で、どのようにして「意識」が「理念」を「実在」化させるのかということである。そのとき、「意識」は「経験」を通じて「哲学の欲求」の「主体」になっていると言えよう。ヒロインあさは、さまざまな実業活動を通じて、この「主体」として形成されていく。そしてこの「主体」形成は女子大学校設立運動のうちでその頂点に達する。つまり、女子大学校設立とともにこの形成自身が「実在」として現れ、「理念」を新しい形で「実在」化させた、あるいはドラマの表現にしたがえば、新しい「朝」が来たのである。

そのようなドラマにおける過程をできるだけ詳しく示すために、長々と引用することになった。ただし、テーマに沿っての引用であり、豊富な内容からほんの一部しか取り出すことができなかった。それでも聴いたり読んだりした上方言葉のリズムに触れ、あさたち登場人物の心情について少しはあとから「経験」することができたように感じた。実際の広岡浅子や周囲の人間たちに関わる現実の歴史との異同などについては、浅子の言葉を一部取り上げた以外には触れることができなかった。またその際、ドラマをめぐって関連するであろう文献資料を挙げることにも留意し、これも多く引用した。このことによってヒロインあさが触れたであろうこれらの資料をわれわれドラマの視聴者はいわば追「経験」することができるわけである。読者のご了解をいただければ幸いである。

こうして、一般人である「意識」の働きにおいて「学問」の欲求の満足がどこまでも追求され、それを基盤に「学問」の「理念」を「実在」化させる実践が積み重ねられていくであろう。現在われわれが生きるこの日本において「学問」の精神が果たして十分に働いているであろうか。この点については、さまざまの議論が必要であろうが、この精神が少なくとも十分に働いているとは言えないであろう。このドラマはそのような状況に対してこれを乗り越えて諸問題を解決へと導く一つの実践の方向を示唆しているのではないだろうか。このドラマに「学んで」このような実践が現代日本において無数に作り出され、われわれ一人ひとりが「人」であること、自分が自分であることが可能になるということに希望を見出したい。

このような小さな本を書くことも多くの人々に支えられてのことである。連れ合いには生活上のことで筆者を支えてくれたことに感謝の念を記しておきたい。また林香里氏には資料収集および事務上の困難について助けていただいたことはありがたいことであった。さらにこれまで交流を続けてきた中で、友人や知人そしてもとの勤務先でのゼミナリステンや学生の皆さんなど多くの方々が本書に示されるような一般人の立場からのものの捉え方をめぐって、関心を寄せてくださり励ましてくださったことにお礼を申し上げる。

最後になってしまったが、厳しい出版事情にもかかわらず、本書の出版に尽力してくださった花伝社代表平田勝氏、同編集部近藤志乃氏に謝意を表する次第である。

著者

二〇一六年八月一五日

幸津國生（こうづ くにお）

1943年 東京生まれ 、東京大学文学部卒業
同大学院人文科学研究科博士課程単位取得
都留文科大学勤務をへて、ドイツ・ボーフム大学ヘーゲル・アルヒーフ留学（Dr.phil. 取得）
日本女子大学勤務、同定年退職後「晴“歩”雨読」　日本女子大学名誉教授

【著書】
『哲学の欲求——ヘーゲルの「欲求の哲学」』弘文堂 1991
『現代社会と哲学の欲求——いま人間として生きることと人権の思想』弘文堂 1996
『意識と学——ニュルンベルク時代ヘーゲルの体系構想』以文社 1999
『「君死にたまふことなかれ」と『きけ　わだつみのこえ』・「無言館」——近代日本の戦争における個人と国家との関係をめぐって』文芸社 2001
『時代小説の人間像——藤沢周平とともに歩く』花伝社 2002
『茶道と日常生活の美学——「自由」「平等」「同胞の精神」の一つの形』花伝社 2003
『『たそがれ清兵衛』の人間像——藤沢周平・山田洋次の作品世界』花伝社 2004
『ドイツ人女性たちの〈誠実〉——ナチ体制下ベルリン・ローゼンシュトラーセの静かなる抗議』花伝社 2005
『『隠し剣 鬼の爪』の人間像——藤沢周平・山田洋次の作品世界 2』花伝社 2006
『一般人にとっての『般若心経』——変化する世界と空の立場』花伝社 2007
『古典落語の人間像——古今亭志ん朝の噺を読む』花伝社 2008
『哲学の欲求と意識・理念・実在——ヘーゲルの体系構想』知泉書館 2008
『『武士の一分』・イチローの人間像——藤沢周平・山田洋次の作品世界 3 +「サムライ野球」』花伝社 2009
『『冬のソナタ』の人間像——愛と運命』花伝社 2010
『『宮廷女官チャングムの誓い』の人間像——人間としての女性と歴史』花伝社 2011
『「貢献人」という人間像——東日本大震災の記録・藤沢周平の作品世界を顧みて』花伝社 2012
『〈追悼の祈り・復興の願い〉の人間像——東日本大震災と『般若心経』』花伝社 2013
『『のだめカンタービレ』の人間像——〈音楽の楽しみ〉と「調和」』花伝社 2014
『『あまちゃん』の人間像——3・11／「逆回転」／〈自分〉探し』花伝社 2015

Das Bedürfnis der Philosophie. Ein Überblick über die Entwicklung des Begriffskomplexes "Bedürfnis","Trieb","Streben" und "Begierde" bei Hegel. Hegel-Studien. Beiheft 30. Bonn 1988
Bewußtsein und Wissenschaft. Zu Hegels Nürnberger Systemkonzeption. Hegeliana 10. Frankfurt a.M./Berlin/Bern/New York/Paris/Wien 1999
Bewusstsein, Idee und Realität im System Hegels. Hegeliana 20. Frankfurt a.M./Berlin/Bern/Bruxelles/New York/Oxford/Wien 2007

【編書】
『ヘーゲル事典』（共編）弘文堂 1992
『縮刷版　ヘーゲル事典』（共編）弘文堂 2014

索　引

【人名】

あ行

か行

さ行

た行

な行

は行

ま行

や行

【事項】

あ行

か行

さ行

た行

な行

は行

や行

ら行

わ行

『あさが来た』の人間像――ある女性実業家の「学問」と女子高等教育
2016年12月15日　　初版第1刷発行

著者 ―― 幸津國生
発行者 ―― 平田　勝
発行 ―― 花伝社
発売 ―― 共栄書房
〒101-0065　東京都千代田区西神田2-5-11 出版輸送ビル2F
電話　03-3263-3813
FAX　03-3239-8272
E-mail　kadensha@muf.biglobe.ne.jp
URL　http://kadensha.net
振替 ―― 00140-6-59661
装幀 ―― 佐々木正見
装画 ―― 平田真咲
印刷・製本 ― 中央精版印刷株式会社

ISBN 978-4-7634-0799-3　C0010

『あまちゃん』の人間像

—3・11／「逆回転」／〈自分〉探し—

幸津國生　著　（本体価格2000円＋税）

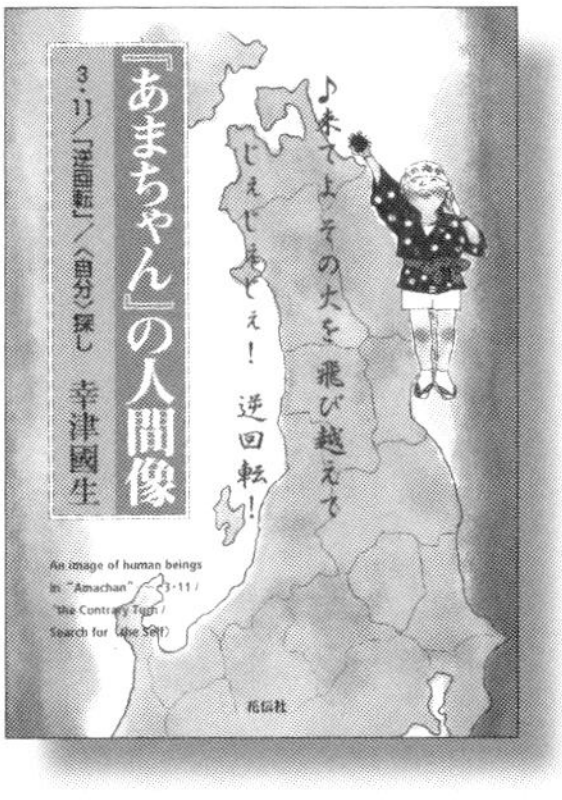

●歌声は一人ひとりの心に届く——

3・11からの「逆回転」を進め、その中で〈自分〉を探し、
その思いを共にする一人ひとりの心に。
ドラマ『あまちゃん』から読み解く〈自分〉探しのゆくえ。

〈追悼の祈り・復興の願い〉の人間像

—人間としての女性と歴史—

幸津國生　著　（本体価格2000円＋税）

●追悼の祈りと復興の願いとを重ね合わせる思想的な営みとは何か——

東日本大震災後紡がれた多くの追悼の祈りと一人ひとりの復興の願いとを『般若心経』の空の立場——「色即是空　空即是色」——から読み解く。

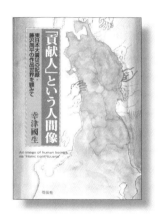

『宮廷女官チャングムの誓い』の人間像

—人間としての女性と歴史—

幸津國生　著　（本体価格2000円＋税）

●ひとりの人間として時代と格闘する女性がよびおこす感動

16世紀朝鮮王朝中期、ひとりの女性が国王中宗の主治医に抜擢された……。そのことを可能にした彼女の生き方とは？儒教的朱子学的伝統の中に、主体的人間像を生んだ同時代ルネサンスとの共鳴を探る。

一般人にとっての『般若心経』

—変化する世界と空の立場—

幸津國生　著　（本体価格2000円＋税）

●『般若心経』の新しい受け止め方

めまぐるしく変化する今日の世界で、自己の存在を鋭く問われるわれわれ現代人。「色即是空」——あらゆる存在を「空」と喝破する『般若心経』は、一人ひとりの生きる拠り所になるだろうか。水上勉・柳澤桂子・新井満ら、同時代人の原典理解を手がかりに『般若心経』の一般人としての受け止め方にいどむ。

茶道と日常生活の美学

―「自由」「平等」「同胞の精神」の一つの形―

幸津國生　著　（本体価格2000円＋税）

●現代日本に生きるわれわれにとって茶とはなにか

「今」日常生活の中で、茶の文化に注目し、「むかし」の「自由」「平等」「同胞の精神」の一つの形を手がかりに、「これから」の生き方を考える。茶道のユニークな哲学的考察。

時代小説の人間像

—藤沢周平とともに歩く—

幸津國生　著　（本体価格1905円＋税）

●人間を探し求めて

藤沢周平とともに時代小説の世界へ。人間が人間であるかぎり変わらないもの、人情の世界へ。山田洋次監督の『たそがれ清兵衛』で脚光をあびる藤沢周平・人情の世界。その人間像に迫る。

『たそがれ清兵衛』の人間像

—藤沢周平・山田洋次の作品世界—

幸津國生　著　（本体価格2000円＋税）

●『たそがれ清兵衛』に見る「これからの」人間の生き方とは

藤沢周平・山田洋次の作品の重なりによって何が生まれたか？

「いま」呼び覚まされた「むかし」の人間像。

ドイツ人女性たちの〈誠実〉

—ナチ体制下ベルリン・ローゼンシュトラーセの静かなる抗議—

幸津國生　著　（本体価格2000円＋税）

●夫を返して！

一九四三年、ゲシュタポに拘束されたユダヤ人つれ合いの釈放を訴えるために、1000名を超える女性たちが集まってきた。女性たちの必死の訴え……。戦後60年、ドイツで注目を集めているローゼンシュトラーセ事件から、われわれ日本人が学ぶことを問う。

古典落語の人間像

—古今亭志ん朝の噺を読む—

幸津國生　著　（本体価格2000円＋税）

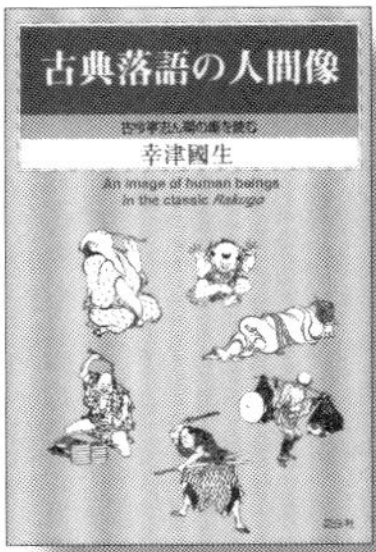

●いつの世も変わらぬ〈人の愚かさ〉を笑いにつつんで描き出す古典落語

市井の人々の愚かな立ち居振る舞いと波紋、それが周囲に受け容れられる中からかもし出される人情の機微。

古典落語が、現代のせわしいわれわれに語りかけるものとは？